本丛书得到何东先生独资赞助

This series of books is financially supported exclusively
by Mr. Eric Hotung.

20世纪中国文物考古发现与研究丛书

龙山文化

张学海 / 著

文物出版社

一　城子崖遗址

二　山东朱封龙山文化大墓出土四孔玉刀

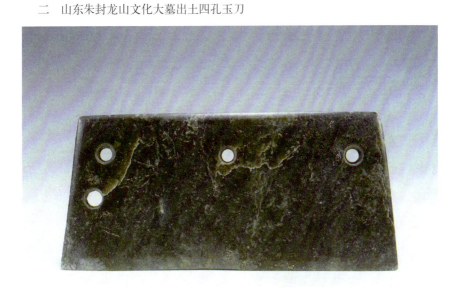

三 山东朱封龙山文化大墓
　　出土陶鬶

四 山东朱封龙山文化大墓
　　出土黑陶罍

五　山东姚官庄遗址出土龙山文化蛋壳黑陶杯

六　山东胶南西寺村出土龙山文化蚌形陶响器

七　山东邹平丁公龙山城址出土刻字陶片

20世纪中国文物考古发现与研究丛书

序 / 张文彬

　　俗称"锄头考古学"的田野考古学的诞生以及中国考古学学科体系的基本完善，由此而引起的古物鉴玩观赏著录向科学的文物学的转变，是20世纪中国学术与文化界的大事。它从材料与方法两个方面彻底刷新了持续了数千年之久的中国古代史学传统，不但为中国学术界和文化界开拓出更加广阔的研究天地，也为一切关心中华民族悠久历史和灿烂文明的人们不断地提供了可贵的精神滋养和力量源泉。

　　仰古、述古、探古，进而考古，向来为我国传统文化中一个明显的学术特点。先秦时期诸子百家发其端，汉代司马迁撰写《史记》，北魏郦道元作注《水经》。他们对相关的遗迹遗物，尽可能地做到亲自考察和调查，既能辨史又可补史。这种寻根追源的治学态度，为后世学术上的探古、考古树立了榜样。此后，山河间的访古和书斋式的究古相继开展，特别是对古器物的研究，成了唐、宋时期的文化时尚。不少学者热衷于青铜铭文、碑刻、陶文、印章等古文字的考释，进而有了对器物的辨伪鉴定、时代判断、分类命名等，逐渐兴起了一门新的学问——金石学，涌现出许多著名的古器物鉴赏家和收藏家。只是囿于当时的历史条件，金石学家们无法了解所见文物的出土地点和情况，也难以涉及史前时代漫长的演进历程，因而长期以来始终脱离不了考证文字和证经补史的窠臼。即使如此，他们的艰辛努力和取得的成绩，还是为推动我国传统文化的发展起到了积极作用，并且在事实上也为中国考古学和中国文物学的起步铺设了最早的一段道路。

20世纪初，近代考古学由西方传入。中国学者继承金石学的研究成果，学习并运用西方考古学方法，开始从事田野考古，通过历史物质文化遗存，探寻和认识古代社会，揭示人类社会发展规律。早在1926年，中国学者就自行主持山西南部汾河流域的调查和夏县西阴村史前遗址的发掘。随后，我国学者同美国研究机构合作，有计划地发掘周口店遗址，发现了北京猿人。从1928年起至1937年，连续十五次发掘安阳殷墟遗址，取得了较大收获，引起了国内外学术界的重视。自20世纪50年代以后，随着国家大规模经济建设的进行，田野考古勘探、调查和科学发掘工作在全国范围内蓬勃有序地开展，许多重要的典型遗址和墓地被揭露出来，重大发现举世瞩目。它们脉络清晰，层位分明，文化相连，不仅弥补了某些地域上的空白，而且衔接了年代上的缺环，为研究中国古代史、文化史、科学史以及其他学科领域，提供了珍贵、丰富的实物资料，极大地影响着人文社会科学诸多学科专业的研究与发展。这段时间被学术界称为中国考古学的黄金时代。在马列主义理论指导下，具有中国特色的考古学理论体系和方法论逐渐形成。有关研究成果不仅极大地改变和丰富了人们对中国文明起源、中国古史发展等重大问题的认识，同时也扩展了中国文物的研究领域和研究方式。可以说，考古学的发展与进步，直接影响到文物学的形成与发展，而且影响到全社会对文化遗产重要作用的认识以及世界学术界对中国古代文明的重新认识。

从20世纪80年代开始，文物界就中国文物学的创立，逐渐取得共识，在共同探讨的基础上，初步形成了学科体系。不少学者发表了有关论文，出版了专著，就文物的历史价值、科学价值、艺术价值以及在社会主义的物质文明与精神文明建设中如何对文物进行有效保护、合理利用发表意见。这些研究成果已获得学术界的赞同。

在这世纪之交和千年更替之际，对中国考古学和中国文物事业作一次世纪性的回顾和反思，给予科学的总结，是许多学者正在思考和研究的问题。如果能通过梳理20世纪以来重大发现和研究成果，透视学科自身成长的历程，从而展望未来发展的方向，以激励后来者继续攀登科学高峰，无疑是一件很有意义的事。为此，经过酝酿、商讨和广泛征求意见，我们约请一批学者（其中有相当多的中青年学者）就自己的专长选择一个专题，独立成篇，由文物出版社编辑出版一套《20世纪中国文物考古发现与研究丛书》，并以此作为向新世纪的献礼。

从某种意义上说，《20世纪中国文物考古发现与研究丛书》是一套学科发展史和学术研究史丛书。其内容包括对20世纪考古与文物工作概况的综合阐述；对一些重要的考古学文化和古代区域文化研究情况的叙述；对文物考古的专题研究；对重要的文物考古发现、发掘及研究的个例纪实。

此套丛书的内容面广，而且彼此关联。考虑到各选题在某些内容上难免会有重叠或复述，因此在编撰之初，我们要求各选题之间互有侧重，彼此补充，以期为读者了解 20 世纪中国考古学和文物学的发展提供更多的视角。

我国的文物与考古工作，虽在 20 世纪得到了迅速发展，但仍有许多重大学术问题需要进一步探索。我们主持编辑这套丛书，除了强调材料真实，考释有据，写作态度严谨求实外，也不回避以往在工作或研究上曾经产生的纰漏差错和不足之处，以便为今后的工作和研究提供借鉴。虽然我们尽了很大努力，但限于水平，各篇仍很难整齐划一。由于组稿和作者方面的困难和变化，一些计划之中的题目也未能成书。这些不周之处，敬请专家、学者和广大读者批评指正。

在丛书编印过程中，我们得到了文物、考古界的广泛支持。何东先生在出版经费上给予了热情帮助。在此，一并深表感谢。

2000 年 6 月于北京

目　录

插 图 目 录

引言

龙山文化，1930 年首先发现于山东省历城县龙山镇城子崖遗址（今属济南市章丘市）。龙山文化是在中国文化"西来说"和史学疑古思潮有了重大影响的背景中发现的。战国以来，由盘古而三皇而五帝的神话与传说，被封建士大夫们奉为中国正统古史体系，人们从不怀疑中国文化生长于神州大地。西方资本主义崛起以后，情况发生了变化。先是欧洲教士，继而东西方学者，对中国文化和中华民族的起源提出种种匪夷所思的外来说，而以西来说占主导，其中又以源自埃及说为主。公元 1654 年（清顺治十一年），德国耶稣会教士基尔什尔首先提出中国人是埃及人的苗裔，同时还有一位曾来远东的波兰教士波因谟（中文名卜弥格）同其说。公元 1716 年（清康熙五十五年），法国阿夫郎什主教胡爱则断言印度与中国为埃及人的殖民地。公元 1759 年，法国人歧尼依据几个腓尼基字母证明中国人为埃及人之苗裔，宣称："吾于是深信中国之文字、法律、政体、君主，甚至政府中大臣及全部帝国均源自埃及。而所谓中国古代史实即埃及史，弁诸中国史之首而已。"[1] 公元 1880 年（清光绪六年）以后，英国伦敦大学教授拉克柏里宣言中国民族和文化来自巴比伦，他认为中国文字承袭楔形文字，《尚书》中的"百姓"即巴比伦的"巴克"族，"百"非数字，实为"巴"字之音转，并说神农、仓颉和黄帝，就是巴比伦的萨贡、同基和那洪特[2]。清末，日本白河次郎、国府种德著《支那文明史》（中译本名《中国文明发达史》），将中国和巴比伦的古文化进行了比较，牵强附会，说主拉克柏里之说。又有国人以其为蓝本，自创新说者，或以为西王母为华夏宗国，地在小亚细亚；或以为西洋史的巴克特里亚即《史记》的大夏，《吕览·古乐》中伶伦取竹于大夏之西，其他为汉故国，等等[3]。公元 1853 年，法国的哥比诺又提出中国文化来自印度，断言中国文化是由印度雅利安种族的首陀罗人所传入，"而中国神话中之盘古实即此印度民族迁入中国河南时之酋长，或诸酋长中之一"[4]。上述中国文化和人种的外来说，不过是些神思玄想，20 世纪初叶的西方开明学者已指出"皆属想入非非之原理，吾人应视为无根之说而摈弃之"[5]。

随着"五四"新文化运动以后中国古史界兴起了疑古思潮和中国近代考古学的起步，问题又趋向复杂化。疑古学派对三皇五帝的古史体系发起了挑战，怀疑三皇五帝和尧舜禹禅让等许多古史记载的可信性。顾颉刚提出了"层累地造成的中国古史"，认为在古史记载中，"时代愈后，传说的古史期愈长"，传说中的中心人物愈放愈大，必须打破古史"人化"的观点。古代神、人原无界限，所谓历史几乎全是神话。春秋末年，诸子纷起，把神话中的古神全"人化"了，要一一剥离这些后出的附会，还要打破把古代看成黄金世界的观念[6]。顾氏的古史基本观点，对廓清古史传说产生了积极作用，在当时学术界引起很大震动，推动了古史研究的发展。但在具体问题上，往往"疑古"过头。特别是极端疑古者，全盘否定传说时代古史，客观上迎合了中国文化外来说。1921 年秋，瑞典地质学家安特生在河南渑池县仰韶遗址的发掘，发现了仰韶文化。依据出土的陶鼎、陶杯、陶鬲等器物，安特生认为"全似为汉族

遗迹",得出仰韶文化是"早期中国人的文化"的正确结论,
但他又把其中的彩陶看成是西来之物。1923 年,他在《中华
远古文化》[7]中写道:"仰韶陶器中,尚有一部分或与西方文
化具有关系者,近与俄属土耳其斯坦相通,远或与欧洲有关。
施彩色而磨光之陶器即其要证。"他把仰韶彩陶和中亚、东欧、
意大利西西里岛等地的彩陶进行了比较,认为都有相似之点,
而和安诺之器相比较,"其同形相似之点,既多且切,实令吾
人不能不起出于一源之感想"。安特生进一步指出:"此著彩之
陶器,当由西东来,非由东西去也,使他日可证明制陶之术来
自西方,则其它文化或种族之特性,亦可由此输入……因仰韶
遗址之发现使中国文化西来说又复有希望以事实证明之。"他
对文化传播途径作出了推测,认为新疆是最后解决仰韶问题之
地,在这里可以识别蒙古利亚民族在新石器时代受到西方文化
乃至西方人种的影响,生息繁衍,渐至务农,"文明因而大进,
是为中国历史上文化之始"。他认为河南的发现表明此种文化
的行程,实由中亚经南山与北山之孔道,东南到达黄河河谷,
以至兰州。这种由西方远来的新文化,最先到达黄河流域之
际,影响传播极为迅速,顷刻顺流而下,遂和原有的土著文化
相混合。为了证明自己的观点,安特生和他的助手们在甘、青
等地进行调查,相继发现了多处彩陶文化遗存。在发掘仰韶遗
址的同时,还在辽宁锦西沙锅屯发现了彩陶,20 年代晚期在
北方地区又继续有所发现。当时的中国考古学正处在起步阶
段,史前文化只知仰韶文化,而彩陶被看成该文化的突出特
征。既然彩陶被认为是西方文化之物,这种彩陶发现愈多,就
愈加证明中国文化由西传播而来的观点的正确。中国文化西来
说几乎成了定论。

但是，当时也有不少中国学者并不赞成极端疑古者全盘否定传说时代古史的做法，对中国文化西来说也不以为然。时任中央研究院历史语言研究所所长的傅斯年在《城子崖》序中写道："即以考古学而论，在中国遍求与中央及西方亚细亚彩色陶器有亲属关系之中国彩色陶器之分布，诚然是一种极重大的考古工作，然中国史前及史原时代之考古，不只是这么一个重大问题，若以这个问题为第一重心，则仿佛觉得先秦二三千年间中土文化之步步进展，只是西方亚洲文化之波浪所及，此土自身若不成一个分子，我们现在所有的知识，已使我们坚信事实并不是如此的……总而言之，西洋人作中国考古学，犹之乎他们作中国史学之一般，总是多注重在外缘的关联，每忽略于内层的纲领，这也是环境与凭借使然。我们以为中国考古学如大成就，决不能仅凭一个线路的工作，也决不能但以外来物品为建设此土考古年代学之基础，因为中国的史前史原文化本不是一面的，而是多面互相混合反映以成立在这个文化的富土之上的。凭借现有的文籍及器物知识，我们不能自禁的假定海边及其邻近地域有一种固有文化，这一文化正是组成周秦时代中国文化之一大分子，于是想，沿渤海黄海省份当在考古学上有重要的地位，于是有平陵、临淄的调查（近年又有沿山东海岸的调查），于是有城子崖的发掘。"[8]中研院史语所考古组组长李济则指出：外国人研究中国的事情，入手的立场总是用比较法，用得好可以贯串一大堆似乎不相干的事实，成为一组活的历史。用得滥，就不免生吞活剥，抓住一鳞半爪，牵强沟通，造出种种怪说，好多早期研究"中国学"的西洋人都有这个弊病，他们在对中国文字的古音古形古义尚未研究出头绪，就有胆子和楔形文字乱比，对中国古史传说的真伪还未弄清楚就敢讨论中国文化的来源。他指出，所谓"层累地造成的中国古史"，在事实能完全证明以前，要极审慎地使用，不然就有被引入歧途的危险。他说："殷墟发掘的经验启示于我们的就是：中国古史的构成，是一个极复杂的问题。上古的传说，并不能算一篇完全的谎账。那些传说的价值，是不能遽然估定的。只有寻找新材料，一步一步的分析他们的构成的分子，然后再分别去取。积久了，我们自然会有一部较靠得住的中国上古史可写。"[9]

20世纪20年代的古史新运动，波涛翻滚，疑古思潮、考古学同时兴起，马克思主义史学崭露头角，震撼了三皇五帝的古史旧体系。但"疑古"、"辨伪"、"考信"，并不能建立真实的中国史前史。中国考古学最初的实践，则带来中国文化西来说的重新抬头，当时无论赞同还是反对此说的学者，几乎都把本属中国本土固有文化的彩陶看成西方文化的器物，主要原因是当时的真实材料极不完备和研究方法不科学，也囿于西方早期汉学家与传教士的偏见。当此疑古思潮与中国文化西来说主导了中国学术界之际，以傅斯年、李济等为代表的中国考古学的开拓者，显示了清醒的头脑和科学求实的精神，对中国史前史原文化、中国远古史以及如何研究中国古史提出了高人一筹的主张。正是他们的这些判断和认识，促使他们在中国东部地区迈出古史研究的新步伐，于是有了城子崖遗址的发现、发掘和龙山文化的面世，促使当时中国文化来源问题的研究，产生了重要转折。

龙山文化的发现与研究经历了三大发展阶段：1930～1959年的泛龙山文化阶段，1960～1981年的初步发展阶段，1981年至今的全面发展阶段。本书将分五章来介绍龙山文化的发现与研究历程。

注　释

[1] 基尔什尔、波因谟、胡爱、歧尼、拉克柏里关于中国文化和民族起源的观点，均转述自何炳松《中华民族起源之新神话》，载《东方杂志》第二十六卷，第二号。

[2] 同［1］。

[3]《支那文明史》和国人的有关新说，转述自吕思勉《先秦史》第三章"民族缘起"，上海古籍出版社 1982 年版。

[4] 同［1］何炳松文。

[5]《大英百科全书》第十一版第六卷第 191 页。

[6] 顾颉刚《与钱玄同先生论古史书》，《古史辨》第一册中编第 59～66 页，上海古籍出版社 1982 年版。

[7] 安特生《中华远古文化》，摘印自《地质汇报》第五号，袁复礼译，农商部地质调查所印行，1923 年。

[8] 傅斯年《城子崖》序一，科学印刷公司，1934 年。

[9] 李济《城子崖》序二，科学印刷公司，1934 年。

一 泛龙山文化的发现与初期的研究（一九三〇—一九五九年）

（一）20 世纪 30 年代泛龙山文化的发现

1. 山东地区城子崖、两城镇遗址的发掘与龙山文化的发现

（1）城子崖遗址的发现、发掘与龙山文化的面世

1928 年 4 月，中央研究院历史语言研究所的吴金鼎在山东省历城县龙山镇东北发现了城子崖遗址。同年 7 月吴金鼎再作调查，自 8 月至 10 月又第三次到龙山镇对城子崖周围作了详细的勘察[1]。在城子崖发现丰富的文化堆积，采集到黑陶、灰陶片和骨锥、精磨石器等遗物，确定是处石器时代遗址，引起了史语所同仁的重视。1930 年中原战争爆发，于 1928 年开始的安阳殷墟发掘工作因而停顿，发掘工作转向山东，并选定城子崖遗址作为东部地区的第一个发掘对象。1930 年 10 月，中研院和山东省政府组成山东古迹研究会，院方委员有傅斯年、李济、董作宾、郭宝钧，省方委员有杨振声、王献唐、刘次萧、张敦讷。傅斯年任委员长，李济任田野工作主任，王献唐任秘书。11 月初在济南青岛大学工学院召开成立大会，会上确定了城子崖的发掘计划[2]。当时之所以把城子崖遗址作为东部地区的第一个发掘点，"第一是想在彩陶区域以外作一试验，第二是想看看中国古代文化之海滨性，第三是想探探比殷墟——有绝对年代知识的遗迹——更早的遗址"[3]。李济则

向当时的新闻界作了更具体的解释，他说："现代中国新史学最大的公案就是中国文化的原始问题；要研究这个问题，我们当然择一个若明若昧的时期作一个起发点。"这个时期大部分学者承认是在夏商周三代，找出这近两千年长的文化的源头，中国文化的原始问题大致就可以解决。三代晚期，虽然文字大备，但流传下来的文献很有限。寻求三代史料，除了文字，不可不注重无文字的器物。器物制作足以代表时代的精神。殷墟发掘证明商代晚期已制造青铜器，但兼用石器，商代早期就完全不清楚，但可知时代愈早，铜器愈少，石器愈多，直至只有石器而无铜器的时代。如此一步一步地追寻出来，中国早期文化的传嬗的痕迹也就清楚了。所以凡出石器的遗址，都可以提供研究这时期历史的材料。城子崖既有石器的遗存，就是选择城子崖进行发掘的第一个理由。还有一个更重要的理由是："近数年来，中国考古界对于中国石器时代文化的研究，已有很重要的贡献……中国石器时代文化问题，已成为一个世界性的学术问题。但由这类材料的发现，再回顾到中国文化的原始问题，虽说添了好些光明，同时也把它弄得更复杂了。因为这几年在奉天、山西、河南、甘肃一带所发现的石器时代的遗址，大部分都包含着一种特殊的陶器，陶器上有彩画的装饰。这种带彩的陶器，与中亚、小亚细亚以及东欧所出的均有若干相似处……由这种材料的比较，就有好些学者指它们为中国文化原始于中亚的证据。所以近数年来，那沉没了三十年的中国文化原始于西方的学说，差不多又复活起来。这学说自然由此得了些强有力的新依据。"不过这些石器时代遗址的分布地域，尚不能给"西来说"以完全的实证。因为这种彩陶器，"只在中国西部与北部。东北部的大平原，如河北省的东南，河南的东部，以及山东一带，尚没有发现这类陶器"。这自然令人想到：这一地域是否也有个石器时代？ 要有，是否也有彩陶器？"城子崖的地点居这东北大平原的中心点，它不但出了石器，并且出了与西部北部石器时代遗址完全不同样的贵重陶器。这种陶器是单色的，色黑发光像漆一样。它们的样子，有好多像后来的铜器。这种石器时代的遗存，在中国内地尚是头一次发现，与中国商周的铜器文化的关系很密切。它的重要性是研究这类问题的人一看就知道的。"[4] 很清楚，对城子崖遗址的发掘，是先辈考古学家为探索中国文化的原始，经过周密考虑而决定的，既体现了中国考古学起步后就和研究中国历史密切结合的正确方向，也显示出先辈考古学家科学严谨的治学精神。

城子崖遗址位于龙山镇（今龙山村，镇治于 1992 年东迁于平陵故城城南）东北，紧临武源河（今称巨野河）东岸，南距泰山北支山麓约 5 公里，西距济南市老城约 40 公里，是一处台形遗址。遗址临河的西面成三层台阶，顶层高约 4 米，第二层高约 5 米，第三层自第二层底部延至河岸；北与东北面呈漫坡。由龙山镇东去平陵城的道路，穿过遗址北与东北部，西段形成路沟，切断遗址。遗址北沿也有东西路沟。今西面第三层台阶于 20 世纪 70 年代填平，河崖西移，自遗址西沿至河崖之间形成了一片宽 50～100 米的农田，一、二层台阶也比发掘时低许多。穿过遗址的路沟后来修成公路，70 年代又在路沟北侧筑了济（南）青（岛）柏油公路，原公路即成农田。遗址北沿路沟仍在，但早已不通行，遗址东北面则成低缓的漫坡。总体而言，地貌变化不大。

1930 年 11 月 7 日至 12 月 7 日，在李济主持下对城子崖遗址进行了一个月的发掘，参加人员除李济外还有董作宾、郭

宝钧、吴金鼎、李光宇、王湘等。以探沟进行发掘，沟长 10
米，宽 1 米，以遗址西南两面的中点为准，向东向北布沟。由
南向北共布 45 条探沟，称为纵中 1 坑、纵中 2 坑，依次顺延。
在其东的南北向探沟称纵东，在其西面的称纵西。由西向东的
探沟称横中 1 坑、横中 2 坑以至横中 41 坑。在横中南面的探
沟称横南，在北面的称横北。实际发掘探沟 44 条，发掘面积
440 平方米，最浅挖至 1.35 米，最深达 6.2 米，平均深度
3.41 米。共采集标本 23878 件，内有陶器、陶片 20918 件，
骨角器 1846 件，蚌器 847 件，石器等其他器物 249 件，以及
不少人骨与兽骨[5]（图一）。

　　遗址顶层面积约 18 万平方米，发掘即在顶层进行，文化
遗存被分为两期，即"灰陶文化期"和"黑陶文化期"。在下
层的"墨陶文化期"的堆积中，出土了大量墨陶和灰墨陶（亦
有少许白、红、黄陶）、骨角蚌器和石器，发现了卜骨与城垣。
墨陶中之精美者，乌黑光亮，如漆一样。半数以上是泥质陶，
大都轮制，制作精良，器形优美新颖，有些和后来的青铜器类
似，而同此前发现的彩陶文化迥然不同。依据城子崖遗存，发
掘者认为城子崖墨陶文化可能代表一种普遍文化，应有很广的
分布。1931 年 4 月，安阳后岗发现和城子崖大致相同的遗物，
为发掘者的推断提供了一个实证，因此决定对城子崖再作发
掘，以详察其内涵和充实材料。同年 10 月 9 日至 31 日，在梁
思永主持下对城子崖进行了为期 20 天的发掘，共挖探沟 45
条，发掘面积 1500 余平方米，第二次发掘改进了出土物的记
录方法，取消总号，以探沟为单位采集器物，除特殊物加以编
号、记录以外，一般器物都只记出土坑位，不编号。第二次发
掘比第一次有了许多新发现，对器物、地层状况、城垣建筑年

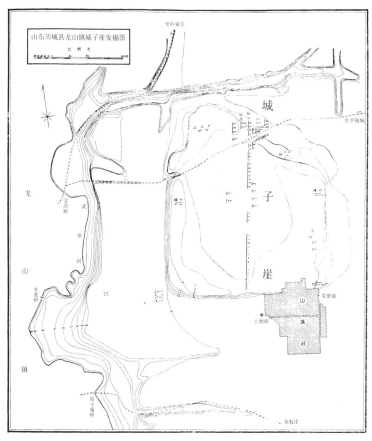

图一 20 世纪 30 年代初城子崖遗址地形与发掘坑位图

代都有了新认识，还发现三座窑址和一件刻了一行文字的灰陶片。卜骨是殷墟以外地区的首次发现，城垣是中国田野考古中第一次遇到。这种墨陶文化后来以城子崖遗址所在的龙山镇被命名为龙山文化（图二、三、四）。

1932 年 3 月，资料整理完毕，草成发掘报告。1934 年，

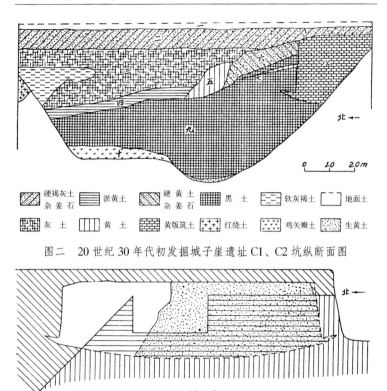

图二　20世纪30年代初发掘城子崖遗址C1、C2坑纵断面图

图三　城子崖遗址C1、C4坑南垣西段纵断面图

《城子崖——山东历城县龙山镇之黑陶文化遗址》出版，这是
中国考古学的第一部田野考古报告。

　　城子崖发掘对中国考古学和古史研究产生了深远的影响。
这是中国学术机构、中国学者自行发现，有目的有计划地进行
大规模发掘的第一处史前遗址；1931年秋的发掘和同年4月

图四　城子崖遗址首次发现的龙山文化卜骨

在安阳后岗的发掘一起，在中国考古学中最初运用了考古地层学概念，并在城子崖的发掘中首次绘制了地层图；发表的第一部田野考古报告《城子崖》，开创了遗址发掘报告体例的先河；所发现的龙山文化也是中国学术机构、中国考古学家发现的第一支史前文化，并对中国文化西来说提出了极重要的反证。城子崖发掘为田野考古工作方法、发掘报告编写提供了可资遵循的轨道，为探索中国文化的原始和中国文明起源问题提供了一个起点。诚如发掘主持者之一李济所指出的："要是我们能把城子崖黑陶文化寻出他的演绎的秩序及所及的准确范围，中国黎明期的历史就可解决一大半了。我们相信这不单是田野考古工作一个极可遵循的轨道，对于中国上古史的研究将成一个极重要的转点。"[6]所以他们决定以城子崖发掘报告作为中国考古报告集的首卷，"希望能由此渐渐的上溯中国文化的原始，下释商周历史的形成"[7]。可以说，20世纪30年代的中国考古学就是在这一思路的指导下展开的。

（2）安上、两城镇遗址的发掘

城子崖龙山文化发现以后，山东古迹研究会继续在山东地区进行了调查发掘。1933年吴金鼎等发掘了滕县（今滕州市）安上遗址，出土了一些黑陶文化陶片和商代遗存。1934年王献唐在其家乡日照县发现两城镇遗址。遗址位于日照县东北部两城镇东北，濒临东海，规模达36万平方米（后来得知要大得多，现知约100万平方米）。1936年刘燿（尹达）主持进行了发掘，清理了50余座墓，出土了大批陶、石、骨器。据尹达介绍，墓葬包括成人墓与儿童墓。墓为长方土圹，未见葬具，头向东偏南（偏12°~15°），向西的只有一座；以仰身直肢葬为主，有个别俯身葬。部分墓随葬了陶器，以杯形器最多，罐形器次之，鼎仅一件。其中一墓随葬品丰富，内有蛋壳黑陶杯、扁平穿孔玉斧、绿松石头饰等。陶器有碗、盆、杯、罐、鼎（有盆形及罐形）、鬶、甗、两耳罐和器盖等，鬶形器相当多，器盖很多，黑光且薄的细致陶器常见。器表着黑衣的现象非常普遍，有个别器表着红衣或白衣，纹饰最多的是由刻画纹构成的各种几何图案，绳纹非常少见，方格纹和条纹也相当稀少。器盖上的纽子多像鸟头，鬶形器多像鸟的全身，豆形器的柄多像竹节。除了常见的磨制石器，还出土不少砺石、琢制的燧石箭头与镰形残刀[8]。这是继城子崖发掘以后龙山文化的又一次大规模发掘，也是鲁东地区与龙山文化墓地的首次发掘，对认识龙山文化具有重要意义。可惜这批珍贵资料在日寇侵占南京前，仅提出若干标本，大部分留在史语所，日寇筑轻便铁路横穿该所后院，器物标本箱被用来负荷铁路，光复后虽抢救出不少，但损失之大，莫能估计[9]。1985年南京博物院编辑出版了《日照两城镇陶器》，发表了这次发掘出土的96件陶器，虽以此次发掘成果之一斑对先辈考古学家在天之灵有所安慰，但终难弥补民族遗恨于万一。

2. 河南地区泛龙山文化的发现

1931年随着中原战争的结束，史语所恢复了殷墟发掘，并把发掘范围由小屯扩展到后岗、四磨盘等地。后岗遗址位于安阳市洹河南岸高楼庄村北的高岗上，面积10万平方米，1931年发现，同年4月起，由梁思永主持进行了两次发掘。梁思永首先按照考古地层学原理区分了土色土质。在该年秋的第二次发掘过程中发现了殷墟文化、黑陶文化（龙山文化）、彩陶文化（仰韶文化）依次叠压的"三叠层"，提供了三者的相对年代关系，奠定了中原地区仰韶、龙山和殷商文化的编年基础，后岗遗址由此而著称于世。这是河南地区龙山文化的首次发现。此后史语所又作了两次发掘。30 年代后岗的四次发掘，还发现了龙山文化白灰面居址和一段 70 余米长的夯土墙[10]。

1932 年春，刘燿主持发掘了浚县大赉店遗址。遗址位于县城以西约 60 公里，有灰陶、黑陶、彩陶三个文化层。在黑陶文化层发现了白灰面居址和袋形穴，前者和后岗"白灰面"形状结构相同。出土器物有陶鼎、鬲、碗和石、骨、蚌器等[11]。

1936 年为在豫东地区探寻殷墟文化的前身，史语所派李景聃等对商丘、永城一带进行了调查，发现了造律台、黑堌堆、曹桥、王油坊等龙山文化遗址，同年冬，对前三处作了试掘[12]。造律台遗址位于永城县城以东约 23 公里浍河东侧的堌堆上，高出周围地面 7 米多，俗称"造律台"，西距王油坊遗址 3 公里。当时遗址范围南北 70 余米，东西 40 余米，文化堆积主要属龙山文化和汉代。龙山文化发现两个灰坑，出土了一批陶、石、骨、角、牙、蚌器。石器多通体磨光，器形有斧、锛、凿、钺、镞、镰、刀、杵、砺石等。骨角牙蚌器有骨凿、鱼镖、骨镞、骨锥、角凿、角铲、角杵、穿孔牙饰、长方双孔蚌刀等。陶器有鼎、鬶、甗、罐、壶、圈足盘、碗、盆、角形杯、豆、器盖、纺轮、镞、网坠、陶板等，以泥质灰陶为主，夹砂陶很少，灰陶占绝大多数，黑陶少，有一定数量褐陶，素面陶居多数，有纹饰陶器的比例相对较高，主要有篮纹、方格纹、绳纹、弦纹、刻画纹等。

3. 浙江地区泛龙山文化的发现

继山东、河南发现龙山文化以后，在浙江北部也发现了龙山文化。1935 年前后，吴兴县钱三漾、嘉兴双桥出土了石、玉器[13]，1936 年 5 月杭州古荡又发现新石器时代遗址并作了试掘[14]。同年西湖博物馆施昕更受此启发到杭县北乡（第二区）一带作了调查，11 月在良渚镇的棋盘坟、横圩里、茅庵前、朱村坂、荀山前后等地点发现了黑陶片和石器。施对照《城子崖》报告中的黑陶，认为两者完全相同，显示出江南远古文化的重要地位。这一发现引起学术界的重视。同年 12 月到 1937 年 3 月，由施昕更主持进行了三次发掘。第一次自 1936 年 12 月 1 日至 10 日，工作一周；第二次自 12 月 26 日至 30 日，为时 4 天，试掘了棋盘坟遗址；第三次自 1937 年 3 月 8 日至 20 日，对荀山、长命桥和钟家村一带进行了试掘。出土了一批黑陶器与石器。陶器有泥质陶与夹砂陶，轮制或手制，器形有鼎、豆、壶、罐、盘、簋、杯、纺轮等。石器有斧、锛、钺、矛、刀、镞等，有的通体磨光，有的局部磨光，也有打制的。杭县黑陶文化发现以后，施昕更认为和华北黑陶是"同一文化系统产物"，是这一文化"在东南发展的一支，似可无疑义，最近中央研究院在山东日照县之发现，当有联系之关系"，两者"文化的特征是相同的，而形制及制作的技巧上看，是比城子崖为进步，似属黑陶文化的后期，所以比山东城子崖稍晚，然而也晚不了许多"[15]。

至此，自龙山文化发现以后短短七八年的时间，已发现龙山文化的分布范围包括了黄河、长江下游的辽阔地区，由表一可见发展之神速。龙山文化的发现同仰韶文化的发现一起成为中国考古学草创期史前考古的两大成果，显示出中国新石器时代考古的广阔前景，对中国古史研究产生了深远影响，由此还曾引出了中国民族起源于东南说。但由于日本军国主义点燃了侵略战火，扼杀了龙山文化考古的继续发展，自 30 年代晚期以后就完全陷于停顿，直至中华人民共和国建立后才得到了恢复。

表一　20 世纪 30 年代泛龙山文化考古一览表

时　间	工作地点	收　获
1930 年秋	第一次发掘城子崖	发现龙山文化
1931 年春	第一次发掘河南安阳后岗	得知龙山文化在豫北的存在
1931 年秋	第二次发掘城子崖与后岗	在后岗发现仰韶、龙山、殷墟文化的三叠层
1932 年春	①发掘河南安阳高井台子②发掘浚县大赉店③发掘浚县辛村	①找到和后岗相似的地层②找到和后岗、高井台子相似的地层③在晚期墓地下发现龙山文化遗址
1933 年	发掘浚县刘庄龙山文化遗址	
1933 年	①发掘滕县安上遗址②调查山东西南部	①发现临城凤凰台龙山文化遗址
1934 年春	①调查山东东南沿海地带②发掘河南广武县（今成皋）青台龙山文化遗址③调查河南巩县（今巩义市）附近	①发现 9 处龙山文化遗址②发现一处龙山文化遗址
1934 年秋	①发掘安阳同乐寨②调查安徽寿县附近	①发现和后岗相似的地层②发现 12 处龙山文化遗址
1935 年春	调查豫北	在安阳、温、获嘉、辉、涉和武安等县发现 31 处龙山文化遗址
1936 年春	发掘日照两城镇遗址	发现最丰富的龙山文化遗址
1936 年秋	①发掘豫东永城造律台等 3 处遗址②试掘浙江杭州良渚附近 6 处龙山文化遗址	

注：此表据梁思永《龙山文化——中国文明的史前期之一》一文制作。该文说，20 世纪 30 年代末已发现 70 多处龙山文化遗址。

（二）20 世纪 50 年代泛龙山文化考古的
进一步发展

20 世纪 50 年代在山东、河南、浙江地区都进行了调查、试掘、发掘工作，同时在江苏、河北、陕西地区也发现、发掘了龙山文化遗址，掌握的泛龙山文化遗址显著增多。而浙江、河南、陕西地区都有很重要的发现。

1. 山东地区

这期间山东地区的龙山文化考古都是些零星的调查和试掘，其中以对两城镇与梁山青堌堆遗址的调查、试掘比较重要。30 年代中虽对两城镇遗址进行了大规模的发掘，但资料毁于日军侵华烽火，未能公布于世，50 年代中晚期，山东省文管处、山东大学有关人员多次调查，其中还作过试掘，采集、出土了大批陶器等遗物，初步了解到该遗址龙山文化陶、石器的大致面貌[16]。

青堌堆遗址位于山东西部梁山县城东北约 12 公里的郭庄村北、东平湖西南岸，西临京杭大运河，是一处大规模的遗址。遗址部分被水淹没，发掘时其陆地部分东西约 800 米，南北约 400 米。1959 年春，中国科学院考古研究所山东队进行了试掘，试掘面积仅 72 平方米，文化遗存分属龙山文化和商文化，并有岳石文化与汉代遗存。龙山文化遗物丰富，陶器以夹砂、泥质灰陶为主，泥质黑陶也不少，多为灰胎、灰黄胎黑皮陶，少见表里全黑有光泽的黑陶，只有一部分红陶。陶器大部分为轮制，常见篮纹、方格纹和绳纹。器类有小平底罐、大口瓶、广肩横宽把瓮、平底盆、高圈足盆、粗圈足豆、筒形杯、红陶钵、灰陶钵、盂、碗、皿、甗、鬶、鼎、盉等，鼎、甗、鬶等仅见足和残片，数量少。石器有斧、刀、铲、锤，骨角蚌器较多，还有不少淡水厚壳蚌的蚌壳和一些鹿角[17]。

2. 河南地区

50 年代河南地区开展了大规模的调查，发现了大量龙山文化遗址。在发掘方面，以陕县庙底沟遗址的大规模发掘最为重要。庙底沟遗址位于河南省西部陕县南关东南、黄河支流青龙涧的南岸，总面积约 24 万平方米，1956 年秋冬和翌年春夏由黄河水库考古队进行了发掘，共开探方 280 个，发掘面积 4480 平方米。文化遗存以庙底沟一期文化（仰韶文化）为主，庙底沟二期文化（龙山文化）次之，还有较薄的东周堆积。其中的龙山文化清理灰坑 26 个，房子 1 座，窑 1 座，墓葬 145 座。

庙底沟龙山文化陶器的陶系以夹砂粗灰陶占绝大多数，泥质灰陶次之，细泥红陶又次之，细泥黑陶最少。纹饰以篮纹最多，堆纹、绳纹次之，弦纹、方格纹与刻画纹最少，素面陶少于篮纹陶。在复原的 60 余件容器中，有鼎、盆、罐、碗、杯、瓶、斝、豆、灶等，器形具有由仰韶文化到龙山文化的过渡性质，是中原地区最早的龙山文化，而且两者地层交叠关系明确，首先为豫西地区仰韶文化与龙山文化的定性与分界，提供了极为珍贵的资料，证明该地区的龙山文化是由仰韶文化直接发展成的[18]。

在发掘庙底沟遗址的同时，1957 年对三里桥遗址进行了两次发掘。遗址位于陕县东关外、青龙涧北岸，和庙底沟南北相望，两者仅隔宽约 1400 米的河谷。遗址总面积约 18 万平方米，也具有仰韶、龙山和东周三期堆积。龙山文化遗存主要在遗址东部，仰韶文化主要在西部，地层互有交错。发掘面积

1526 平方米，复原的 69 件龙山文化陶器的陶系，以夹砂粗灰陶与泥质灰陶最多，夹砂粗红陶与细泥黑陶次之，泥质红陶少见。纹饰以绳纹最多，约占一半，篮纹约占 1/5，方格纹约占 1/12，另有少量刻画纹、镂孔与堆纹。素面与磨光陶大量出现。器形有罐、盆、杯、碗、斝、甑、鬲、鬶、器座等。年代稍晚于庙底沟二期文化，发掘者认为属典型的河南龙山文化，和前者文化因素有联系，同山东龙山文化亦有明显联系[19]。

庙底沟、三里桥遗址的发掘和"庙底沟二期文化"的发现，是 20 世纪 50 年代泛龙山文化考古最重要的收获。发掘报告指出，庙底沟二期文化的发现，首次为仰韶文化、龙山文化的性质与分界提供了一个重要线索，证明了两者的传承关系，说明河南与陕西地区的龙山文化可能是由仰韶文化经庙底沟二期文化发展成的，这为中原地区古文化发展的连续性作出了重要证明，也在解决中国文明起源的大课题上前进了一大步，同时也说明山东地区的龙山文化很可能自有来源[20]。

3. 浙江地区

50 年代在浙江北部地区继续不断发现泛龙山文化遗址，并对吴兴（今并入湖州市）钱三漾、杭州水田畈、余杭安溪和吴兴邱城遗址进行了发掘。

钱三漾遗址位于吴兴县城东南 7 公里，1935 年发现，1956、1958 年浙江省文管会、浙江省博物馆进行了两次发掘，文化堆积有二层。上层属几何印纹陶文化，下层属泛龙山文化，首先从地层上区分了这两种不同文化。两次发掘获得了浙江地区龙山文化的许多新资料，包括 3 处房子遗迹，内有干栏式建筑；发现了粳稻、籼稻、芝麻、花生、蚕豆、甜瓜子、两角菱、毛桃核和酸枣核等植物种子；200 余件竹器，器形有篓、篮、箩、簸箕、席、"倒梢"等，编织方法复杂多样；又有窄翼与宽翼木桨、木杵、木臼、千篦和木槽；还有丝麻织品绢片、丝带、丝线、麻布片和麻绳。丝织品用家蚕织成，麻织品为苎麻织成。陶器以夹砂灰黑陶、泥质灰胎黑皮陶为主，代表性器形有鱼鳍形足鼎、长颈鬶、豆、壶、簋等，石器有斧、锛、有段锛、长方石刀、犁形器和镞等[21]。碳14测年校正值的最早年代为公元前3310±135年。

1957年浙江省文管会对吴兴邱城遗址进行了发掘[22]，发现了早于浙江地区龙山文化的原始文化遗存，其陶器为红陶，石器磨光。1959年嘉兴马家浜遗址的发掘，显示出较清晰的文化面貌，遂命名为马家浜文化，为探索浙江龙山文化的来源提供了重要线索。50年代晚期还对杭州水田畈遗址进行了发掘，也取得了重要成果[23]。

这些发掘大大丰富了浙江地区龙山文化的资料，刷新了人们的认识，初步提供了它介于马家浜文化和印纹陶文化之间的相对年代，其文化面貌和黄河中下游的龙山文化很不同，随即被定为良渚文化而从龙山文化中分离出来。

4. 江苏地区

50年代南京博物院等在淮北徐海地区发现了一批龙山文化遗址，50年代后期先后对新沂三里墩遗址、铜山高皇庙遗址、丘湾遗址和连云港二涧村遗址进行了发掘或试掘。

三里墩又称三女墩，位于宿迁县嶂山镇（后归入新沂县，今新沂市）东北1.5公里，紧邻新沂河北岸。1952年发现，1956年5月南京博物院进行了试掘。1959年春再次对遗址的东、西、北三墩进行发掘，此次共开探方、探沟8个，发掘面积307.5平方米。文化堆积基本上有两层，两层之间有一薄层硬土或路土相隔，上层约属西周时期，遗迹、遗物较丰富。下层属于龙山文化，堆积比较贫乏。在西墩硬土面下有5个椭圆形灰坑，在西部灰坑之间埋一小孩，头向东，足部有陶豆，豆内有兽骨。东部灰坑之南也有一具小孩骨骼。下层出土黑陶片，器形有罐式鼎、鬼脸形（鸟首形）鼎足、篮纹罐、鬶把和器盖等[24]。

高皇庙遗址位于徐州市以北约25公里的高皇庙村东北角，村西有大山、珠山、偏山，村东1公里有乌龙山、凤凰山、龟山，村东百余米有运铁河流入微山湖，河东即为京沪铁路。遗址为一土台，俗称"庙台子"，其上曾建有纪念刘邦的"高皇庙"，因而得名。遗址原面积约2000平方米，1957年底发掘前仅残存长17米、宽15米、高9米的土台。发掘工作至翌年3月结束，发掘报告分文化堆积为上中下三层，上层属汉代，中层约属殷商，下层属龙山文化。龙山文化堆积厚约2米，有黑灰土、纯灰土、胶黄土三层堆积，各出有陶器。在西南面的黄胶土层清理一个椭圆形灰坑，坑口长3.1米，宽2米多，锅底形。该层共出土遗物128件，其中石器42件、陶器25件、骨器45件，还有少量蚌器。陶器有夹砂陶、泥质陶和细泥陶，陶色有黑陶、红陶、白陶和褐陶。器表素光，有的饰数道弦纹或刻画纹，有的黑陶圈足有镂孔。器形有罐、高颈罐、鬲、鬶、豆、碗、圜底碗、红陶杯、蛋壳黑陶杯、纺轮、陶拍等[25]。报告发表后，有人曾提出意见[26]。高皇庙遗址所处位置属鲁苏皖交汇地区，接近豫东，为研究龙山文化提供了一宗重要资料。

5. 河北地区

50年代在河北地区发现发掘的泛龙山文化遗址，以唐山大城山和邯郸涧沟最为重要。

大城山位于唐山市路北区陡河西岸，城子庄和雷神庙之间，同东岸的贾各庄相对。大城山有东西两峰，遗址在东峰，峰高 75 米余，遗址残存面积 9000 平方米。1955 年春发现，同年 10 月河北省文物管理委员会进行发掘，共开探沟、探方10 个，发掘面积 145 平方米。发掘报告认为，除上部有些商代、汉代遗物以外，下部堆积基本一致。发现白灰面遗迹 1处，圆形灰坑 1 个，曲尺形土沟 1 条，人工铺石 1 处，石面下有四层烧土面；5 具人骨架，一具头向东北，俯身屈肢，其余的头向东南，仰身直肢，未见葬具，其中两人分别随葬陶网坠 9 枚和陶器 3 件。出土了大批石、骨、蚌、陶器，还有 4 件玉器，2 件穿孔铜牌，4 件卜骨，其中 3 件为牛肩胛骨，1 件鹿肩胛骨，皆只有灼而无钻凿。还有一批动物遗骸，其中蚌壳普遍，仅一处成堆蚌壳数量就有 200 多枚[27]。报告发表后，有人对大城山的文化性质提出了意见，报告作者进行了修正，认为除龙山文化和汉代遗存外，还有夏家店下层文化和西周或稍晚的遗存，铜牌属前者；而龙山文化和典型龙山文化、河南龙山文化都不同，是沿海地区龙山文化中地方特征比较突出的一支[28]。

涧沟遗址位于邯郸市以西约 9 公里，林村火车站以北 250米处，东北两面临沁河，面积约 2000 米×1500 米。1957 年 4月至 8 月，河北省文物工作队在遗址北部发掘约 1200 平方米；同年秋，北京大学与河北省文化局合组邯郸考古队继续发掘，开探沟 42 条、探方 4 个，揭露面积 1420 平方米，发掘总面积2620 平方米。文化堆积包括龙山文化、商文化和东周到汉。龙山文化分布最广，其上一般都有东周—汉代堆积，有的部位有商文化层；龙山文化本身也有叠压现象。第一次发掘龙山文化发现椭圆与筒形两种窖穴，前者较多，其中有些是房址，后者3个；还有陶窑5座。出土了大批陶石骨蚌器。简报分为早晚两期[29]。第二次发掘发现龙山文化灰坑7个、房基1处、陶窑2座、水井2口，还有埋葬4处，主要是丛葬。出土大量陶石蚌骨器等，还有卜骨和许多种动物遗骸。发掘简报分龙山遗存为三类，第1、2类早于第3类，第3类和龟台寺龙山文化很接近[30]。

6. 陕西地区

1955年，中国科学院考古研究所发掘了长安客省庄遗址。遗址位于西安市西南20余公里的沣河西岸，文化遗存有三大层，下层为稀薄的仰韶文化，中层为客省庄第二期文化，即陕西龙山文化，上层主要是西周、东周墓葬。第二期文化发现10座半地穴式房子，以"吕"字形双间房最具特色。其前室方形，后室圆形或方形，居中有灶。43个窖穴围绕居址周围，多数是口小底大的袋形穴。还有三座窑址。陶器以灰陶为主，黑陶较少，纹饰主要是篮纹与绳纹，极少见方格纹，器形有单把鬲、罐形斝、绳纹大口罐、高领宽肩瓮、单耳、双耳、三耳罐、鬶、盉、鼎、豆、盆、盘、碗等，长方石铲数量众多；卜骨用羊肩胛骨[31]。客省庄第二期文化发现后被定为龙山文化，是陕西地区首次发现的泛龙山文化。此外，还发掘了华县泉护村、华阴横阵村遗址。

（三）泛龙山文化的初期研究

龙山文化以黑陶的突出特征，在发现之初即被称为黑陶文化，当时凡具有黑陶特征的文化遗存都被定为龙山文化，而且黑陶文化和龙山文化之名一直并用至 50 年代。实际上 30 年代在山东、河南、浙江地区发现的龙山文化，陶器的陶色和器类都是有差别的，梁思永、尹达最先注意到这一点，各自提出"三区说"和"三期说"，代表了泛龙山文化研究最初的重要成果。

1939 年，梁思永撰写了《龙山文化——中国文明的史前期之一》一文，从"遗址发现的年代及其在地理上的分布""龙山文化的一般特征""三个区域的划分""地层和年代"、"与殷代文化的关系"五个方面作了论述。把龙山文化划分为山东沿海区、豫北区和杭州湾区，指出"地理上处在山东沿海与豫北区之间的城子崖，有着一批似乎是文化接壤地区所产生的陶器"。"豫东永城遗址和安徽寿县遗址的地理位置在上述三个区域的三角地带之中。这个位置也在陶器上反映出来。豫北陶器的拍印纹饰，杭州湾陶器的圜底与圈足，山东沿海区陶器实足的众多，在这里都有显著的遗存"。认为三区在时间上有早晚，两城镇一层、城子崖一层早于后岗二层与豫北同代的各层，良渚一层则确是较晚的。认为后岗二层"是豫北殷文化的直接前驱"[32]。三区说代表了 30 年代末泛龙山文化研究的最高水平，起到了如作者所说"以作将来研究的架子"的作用。

1939 年冬，尹达写就《中国新石器时代》一书，依据陶器把当时的龙山文化分为三期：两城期、龙山期和辛村期。认为"在陶器形态的变化上，从两城期到辛村期渐渐的接近了小屯文化的特点"，"从而可以推想龙山文化的发展，可能是循着自东往西的方向的"，大体上豫北的龙山文化遗址都比较晚一些。并认为小屯文化（商代后期文化）是龙山文化的继承者，殷代吸取了龙山文化的许多文化因素，如陶器的器形、陶色、纹饰和白陶，占卜之风，埋葬习俗，版筑技术都可能吸取了龙山文化遗产，并加以发展，使之成为光辉灿烂的殷商文化的构成因素。他认为三期的年代是互相衔接的，但辛村期与小屯文化之间有间隔。这间隔假定为 300 年，龙山文化每期假定为 400 年，从而推出两城期的年代为公元前 2900～前 2500 年，龙山期为公元前 2500～前 2100 年，辛村期为公元前 2100～前 1700 年[33]。该书是 20 世纪 50 年代中期以前对中国新石器文化的最为系统而全面的研究，尽管后来证明龙山文化三期说和龙山文化由东向西发展的看法是不确的，但文中的许多论述都给人以启发。

1955 年，上海学习生活出版社出版尹焕章《华东新石器时代遗址》一书，提出龙山文化是海滨文化的观点和六区说，认为龙山文化以光亮黑陶为主要特征，分布于自辽东半岛到闽台地区的广袤区域，发源于海岸，由东北向西南发展，并把龙山文化分为山东沿海、山东西部、苏北豫东、江淮、杭州湾和闽江六区。

1956 年，安志敏在《文物参考资料》8 月号发表《中国新石器时代的物质文化》一文，认为龙山文化分布广泛，文化性质因地区有所不同，首次提出可能不是同一文化的推测；即使是同一文化，各地的差异是地域性的还是时代性的，都值得考虑。但基本论点未出"由东往西发展"说。他说："至于山东境内到目前为止，还没有发现仰韶文化的痕迹，或者可以说明仰韶文化到达黄河流域的时候，龙山文化已经在山东出现了，因而阻止了仰韶文化的向东发展，如果确可这样解释，则龙山文化最初发源在山东，而扩展到其他地方。"

1958 年，刘敦愿发表《龙山文化若干问题质疑》[34]，对上述龙山文化的分期方法和龙山文化"自东往西发展"说从三方面提出质疑。首先，他不同意"完全以文化的地区差别来区分时代早晚的方法"。他说此法给人以错觉，"好像某一文化发源于某地之后，便向他处移动，移动之后原来地点则似乎成了'真空'地带"。实际上"同一地区、同一文化也应有较早较晚的遗址存在，即在同一个遗址之中，其地层也应该有较早较晚的区别，不至于是如现在分期法所说的那样整齐"。他说，把两城遗址当作目前所知的最早典型"是最值得考虑的"，遗址面积至少 36 万平方米（1955 年调查估计 99 万平方米），很难说会是同一时期的遗存，那样高度发展的文化不会是突然出现的。其次，山东境内存在仰韶文化遗址或存在以手制红陶为主要特点的新石器时代文化，其性质不同于龙山文化而较其原始，两者的关系有待将来的发掘解决，但这些发现似应使我们对山东新石器时代问题作重新考虑。再次，不同意把"作为文化特征的某些特殊器物在数量上的增减当作划分时代的标准的办法"。因为这既可以解释龙山文化"自东往西发展"，也可以说明"自西往东发展"，"纯从形制看，甚至后者还要圆满一些"。他不赞成把城子崖与两城遗址的年代定得太早，尤其是后者。他对标准黑陶、陶鬶等精制器皿的突然消失作出解释，认为一方面是铜器的使用增多，并为氏族贵族所占有，工艺制造重点转向青铜冶铸，平民与奴隶则仍使用陶器，所以不再追求陶器的精美；另一方面，在社会变化过程中，一些特殊技巧因部落融合或战争而失传了。此文对当时占主导地位的龙山文化由东向西发展的观点提出不同意见，而且首先注意到山东地区存在早于龙山文化的较原始的红陶文化，以及工艺制造重点转向青铜冶铸导致标准黑陶的衰退的推测等，都有积极意义，只是当时资料贫乏，还不能作出深入论述。作者为了说明自己的观点，还按照上述安志敏文制作了"龙山文化各区物质文化特点比较表"，颇为简明地反映出各区龙山文化的差异，也见其用力之一斑。兹转录于下（表二）。

1959 年，安志敏在《考古》第 10 期发表《试论黄河流域新石器时代文化》一文，在对黄河流域各地龙山文化作了比较研究后，把当时的泛龙山文化分为四个类型，即庙底沟二期文化、后岗二期文化、客省庄二期文化和典型龙山文化。又称后岗二期文化为河南龙山文化，典型龙山文化为山东龙山文化，开始了冠省名以区别各地龙山文化的先例，随后即有山东龙山文化、河南龙山文化、河北龙山文化、陕西龙山文化、湖北龙山文化等名称，而山东龙山文化则更多地被称为典型龙山文化。他指出典型龙山文化具有独自的特征，应与中原各类龙山文化相区别，认为他们可能是性质不同的两种文化。中原龙山文化是继仰韶文化以后发展起来的，山东龙山文化则可能自有来源。同时指出黄河上游和长江中下游地区分布着近似龙山文化或具有龙山文化因素的遗存。1961 年出版的《新中国的考古收获》重申了四类型说，认为龙山文化的这些类型"可能是由于地域性和时代上早晚而形成的同一文化的不同类型，也可能属于同一文化群的不同文化"。指出这四个类型之间的关系是比较复杂的，典型龙山文化类型和其他三类型的关系尚不清楚，但很可能是同期文化群中的一支独立文化[35]。

1958 年，北京大学历史系考古专业师生在编写中国考古学教材初稿时，在《新石器时代考古》篇中把杭州湾区龙山文化从泛龙山文化中分离出来，命名为良渚文化。1959 年 12

表二　龙山文化各区物质文化特点比较表

分区	特征	陶器制法	黑面薄的精致陶器	陶鬶	陶甗	绳纹	方格纹	篮纹	白灰面	罍	盉形器	双耳罐	其它	备注
沿海地区	(1)鲁东	轮制	特别多	非常丰富	极少	不多见	不多见						有细石器	
	(2)鲁西	轮制	减少	减少	加多	常可遇到	常可遇到						细石器极为丰富	情况与鲁东相似
	(3)河北	轮制			增多	加多	罕见	加多						情况与鲁东相似
	(4)辽宁	轮制	很少	较少		不见								
河南龙山文化	(5)豫东	轮制	很少见	较少见		此类陶片占半数以上	很普遍	占绝大多数	开始出现					
	(6)豫北	轮制	很少见	很少见	加多	很普遍	很普遍	相当普遍	有			较西的个别遗址曾有发现		情况与豫东近似
	(7)豫西	轮制	极少见		加多	很普遍		缺少			出现			情况与豫东近似
陕西龙山文化	(8)陕西	手制，轮制陶器少见	没有	加多	加多	占绝大多数	极少	占绝大多数	有	加多		加多	陶鼎极为罕见	从总的情况看，好像比较接近河南龙山文化
江浙地区	(9)安徽	轮制	没有	少见	有	相当普遍	相当普遍	相当普遍						
	(10)江苏	轮制	不见	有	没有	缺少	缺少	缺少					有杯，其他器形亦比较特殊	
	(11)浙江	轮制	壁厚黑色限于表面	没有	没有	没有	没有	没有					纹饰多为划画纹镂孔	

（根据安志敏《中国新石器时代的物质文化》绘制）

月，夏鼐在长江流域规划办公室文物考古队队长会议上所作的《长江流域考古问题》的讲话中（《考古》1960 年第 2 期），正式提出良渚文化的命名，《新中国的考古收获》正式定名为良渚文化。

本阶段在注重龙山文化分区与文化特征研究的同时，也涉及族属问题。有的学者认为龙山文化是夏文化，与非夏文化截然不同。

50 年代末良渚文化的确立和黄河流域龙山文化四类型的划分，表明龙山文化经过了 30 年的探索，认识出现了重大转折。从此龙山文化作为一支严格意义上的考古学文化进入研究的新阶段。尽管龙山文化之名或冠以省名一直在广泛使用，但许多学者已把山东龙山文化和中原地区的龙山文化分开。本书以下所叙只是以山东为中心的单一的龙山文化，不再是泛龙山文化。

注　释

［1］吴金鼎《平陵访古记》，国立中央研究院历史语言研究所集刊，第 1 本第 4 分册，第 471 页，1930 年。

［2］傅斯年、李济等《城子崖——山东历城县龙山镇之黑陶文化遗址》，科学印刷公司，1934 年。

［3］傅斯年《城子崖》序一，科学印刷公司，1934 年。

［4］李济《发掘龙山城子崖的理由及成绩》，《山东省立图书馆季刊》1931 年第 1 集第 1 期。

［5］同［2］。下文有关城子崖遗址的发掘情况均据《城子崖》，不另注。

［6］同［9］。

［7］同［9］。

［8］尹达《中国新石器时代》第 56～61 页，三联书店 1955 年版。

［9］李济给苏秉琦的信，见《苏秉琦考古学论述选集》第 58 页，文物出版社
1984 年版。

［10］梁思永《后岗发掘小记》，《梁思永考古论文集》，科学出版社 1959 年版。

［11］刘燿《河南浚县大赉店史前遗址》，《田野考古报告》第 1 册，1936 年。

［12］李景聃《豫东商邱永城调查及造律台、黑孤堆、曹桥三处小发掘》，《考古学
报》第 2 册，1947 年。

［13］吴越史地研究会编《钱三漾》、《双桥》，载《古代文化》周刊第 14 期、第
16 期，又载上海《时事新报》副刊《学灯》。

［14］西湖博物馆、吴越史地研究会编《杭州古荡新石器时代遗址之试掘报告》，
1936 年印。

［15］施昕更《良渚——杭县第二区黑陶文化遗址初步报告》，浙江省教育厅出版，
1938 年。南京博物院编《东方文明之光》、余杭市政协文史委员会编《文明
的曙光》均有节录。

［16］山东省文物管理处《日照县两城镇等七个遗址初步考察》，《文物参考资料》
1955 年第 12 期；刘敦愿《日照两城镇龙山文化遗址调查》，《考古学报》
1958 年第 1 期；山东省文物管理处《山东日照两城镇遗址勘察记要》，《考
古》1960 年第 9 期。

［17］中国科学院考古研究所山东队《山东梁山青堌堆遗址发掘简报》，《考古》
1962 年第 1 期；吴秉楠、高平《对姚官庄与青堌堆两类遗存的分析》，《考
古》1978 年第 6 期。

［18］中国科学院考古研究所《庙底沟与三里桥》，科学出版社 1959 年版。

［19］同［18］。

［20］同［18］。

［21］浙江省文管会《吴兴钱三漾遗址第一二次发掘报告》，《考古学报》1960 年
第 2 期。

［22］梅福根《浙江吴兴邱城遗址发掘简报》，《考古》1959 年第 9 期。

［23］浙江省文管会《杭州水田畈遗址发掘报告》，《考古学报》1960 年第 2 期。

［24］南京博物院《江苏新沂县三里墩古文化遗址第二次发掘简报》，《考古》1960
年第 7 期。

［25］江苏省文物管理委员会《徐州高皇庙遗址清理报告》，《考古学报》1958 年
第 4 期。

［26］芸阁《对〈徐州高皇庙遗址清理报告〉的几点意见》，《考古》1959 年第 9
期。

［27］河北省文物管理委员会《河北唐山市大城山遗址发掘报告》，《考古学报》
1959 年第 3 期。

［28］康捷《关于唐山大城山遗址文化性质的讨论》，《考古》1960 年第 6 期；唐
云明《关于唐山大城山遗址发掘报告中的几个问题》，《考古》1964 年第 7
期。

［29］河北省文化局文物工作队《河北省邯郸涧沟村古遗址发掘简报》，《考古》
1961 年第 4 期。

［30］北京大学、河北省文化局邯郸考古发掘队《1957 年邯郸发掘简报》，《考古》
1959 年第 10 期。

［31］中国科学院考古研究所《沣西发掘报告》，文物出版社 1963 年版。

［32］梁思永《龙山文化——中国文明的史前期之一》，《考古学报》第 7 册，1954
年。又收入《山东龙山文化研究文集》，齐鲁书社 1992 年版。

［33］尹达《中国新石器时代》，三联书店 1955 年版。

［34］刘敦愿《龙山文化若干问题质疑》，《文史哲》1958 年第 1 期，收入《山东
龙山文化研究文集》，齐鲁书社 1992 年版。

［35］中国科学院考古研究所《新中国的考古收获》第 14～21 页，文物出版社
1961 年版。

二 龙山文化考古的初步发展
（一九六〇——一九八一年）

进入 20 世纪 60 年代，近代考古学过渡到现代考古学，龙山文化考古也进入了初步发展阶段。在这一阶段，重点是开展田野考古，调查发掘工作取得显著成绩，资料大为丰富，同时综合研究工作也有初步发展。

（一）遗址调查

这阶段文物、科研、教学部门的文物考古机构在山东开展了一系列调查，发现了大量龙山文化遗址。其中主要的调查工作有：1961 年山东省文管处在烟台、潍坊地区的重点调查，1962～1965 年中国科学院考古研究所山东工作队（以下简称考古所山东队）对泗河流域的滕县（今滕州市）、邹县（今邹城市）、兖州、曲阜、泗水等县的调查，1973 年山东省文物部门部署的全省文物调查，70 年代末到 80 年代初期北京大学历史系考古专业师生在胶东半岛部分县市的调查，1980 年山东文物部门再次部署的全省文物普查，这次普查在山东成为 1981 年文化部文物局部署的全国文物普查的序幕。截至 1981 年上半年，山东境内发现的龙山文化遗址已达 500 处左右。

早在 50 年代末 60 年代初，南京博物院在徐海地区进行了数次调查，共发现 23 处龙山文化遗址，均在淮河以北。据文物出版社出版的《文物考古工作三十年（1949～1979）》安徽

省篇所叙，安徽北部的史前遗址的性质都还未确定。河北省篇
中虽提到冀东沿海主要是山东龙山文化和受其影响的夏家店下
层文化，冀南是山东龙山文化和河南龙山文化，但很概括，其
他刊物也少见报道，未得其详。估计到 80 年代初，包括豫东
皖北地区已经发现而尚未确定性质的遗址在内，在 600 处左
右，绝大部分都在山东境内。

（二）龙山文化的发掘

这阶段在山东地区对东岳石、姚官庄、西夏侯、紫荆山、
野店、尹家城、东海峪、大范庄、鲁家口、三里河、呈子、尚
庄、尧王城、田旺（桐林）、莘冢集等近 20 处龙山文化遗址进
行了发掘与试掘，在皖东北发掘了萧县花家寺遗址，在豫东地
区发掘了王油坊等遗址。其中获得了较重要成果的有东岳石、
姚官庄、东海峪、尹家城、鲁家口、三里河、尚庄、呈子、尧
王城、王油坊等遗址的发掘。

1．东岳石遗址

位于平度县城西北约 30 公里的东岳石村东南、淄阳河北
岸，北距渤海湾约 15 公里，南近大泽山支脉高望山与明堂山，
西面和北面为平原，面积约 5 万平方米。1958 年发现，1960
年春考古所山东队进行了发掘，发掘面积 275 平方米。文化内
涵比较单纯，除了 20 座战国墓以外，均属同期遗存。清理了
两个灰坑，出土石器 20 件，其中 18 件磨制，器形有斧、铲、
凿、刀、镞和纺轮，另有一件打制石锛。陶器复原者很少，夹
砂红褐陶约占一半，夹砂灰陶、泥质灰陶次之，泥质黑陶又次
之，均为灰胎黑皮陶。陶器手制为主，轮制较少。素面为主，

纹饰简单。施纹饰者夹砂陶以堆纹、刻画纹为多，泥质陶普遍饰弦纹与突棱；此外还有圆窝纹、圆圈纹与泥饼饰等。器形有罐、尊、豆、簋、盂、甗、器盖、鼎、皿、杯等。未见蛋壳陶。陶器"具有独特的风格"，但有些因素与城子崖龙山文化相以，发掘者将其划入龙山文化，初曾称"淄阳类型"，后称"岳石类型"[1]。80年代初确立为岳石文化，这是后话。

2. 姚官庄遗址

位于潍县（今潍坊市潍城区）城南约10公里的白浪河西岸、姚官庄东北500米处，遗址南部被冲毁，发掘时东西约450米，南北约350米，总面积约16万平方米。1960年春，山东省文管处、考古所山东队和省地文物考古训练班进行了发掘，发掘面积1725平方米，文化堆积包括龙山文化、晚商、周代与汉代，基本上属龙山文化。

龙山文化清理灰坑128个，墓葬12座。出土石器194件，陶器587件，骨器少见，角牙蚌器更少。陶器中生活器皿529件，其中细砂陶占60.7%，粗砂陶约占7%，夹滑石末粗陶占0.45%；泥质陶占28.4%，其中有相当比例的细泥陶。黑陶超过半数，灰陶次之，还有部分褐陶与白陶。陶器轮制为主，有少量手制。以素面为主，大部磨光。部分器物有压印纹、刻画纹、堆纹、凹弦纹、凸弦纹、篮纹、窝纹和镂孔八种，前五种多见。器形有鼎、鬶、甗、豆、盘、盆、杯、蛋壳陶高柄杯、盉、碗、盂、匜、尊形器、大口尊、瓶、罐、瓮、器盖等。主要遗存属龙山文化晚期，文化面貌和两城镇龙山文化基本一致，在山东东部地区具有广泛的代表性[2]。姚官庄遗址是自龙山文化发现以来发掘面积仅次于城子崖、两城镇遗址的一次发掘，是新中国建立以后对龙山文化的首次大规模发掘，所提供的丰富的陶器资料，在相当长的时期内成为研究龙山文化的重要基础（图五、六）。

3. 东海峪遗址

位于鲁东南日照县城西南约 6 公里的东海峪村西北，西依奎山，东向东海，东北距两城遗址约 24 公里，西南距尧王城遗址约 16 公里，属尧王城龙山文化聚落群。发掘时遗址东部因长期取土早已夷平，东北部保存最高，高出周围地面约 2.5 米，渐向西南倾斜和平地连成一体，残存面积约 8 万平方米。1973 年春、秋和 1975 年秋山东省博物馆共进行了三次发掘，山东大学考古专业 75 级新生参加了第三次发掘。三次发掘总面积约 1000 平方米，其中第三次近 800 平方米，但因该年冬天当地多雨，探方积水，除个别探方以外，都只挖到了第三层为止，以后也未继续发掘。概括东海峪三次发掘的主要收获有三点：

一是在遗址的东南部发现了公共墓地，三次发掘都清理了一批墓葬，共清理墓葬 50 余座。均为长方浅穴墓，可分土圹墓与石棺墓两类。后者以自然长条石铺支墓底、墓壁和封盖。均仰身直肢葬，头向西北，随葬品主要是陶器，一般数量不多，有的墓无随葬品，除石棺以外未见木质葬具。石棺墓大多有一件蛋壳陶高柄杯，土圹墓则不见，清楚地显示了不同的规格。

二是在第二、三次发掘时在遗址东部东北部发现一批龙山文化地面房址。房址呈方形，有高于地面二三十厘米的夯筑房基，四面有近 1 米厚的用泥块堆叠成的土墙，门在南面居中，房内地面稍低而平整，有的居住面不止一层，房内东北部或中部偏东设灶址，仅见凹于周围居住面的红烧土，未见特殊结构

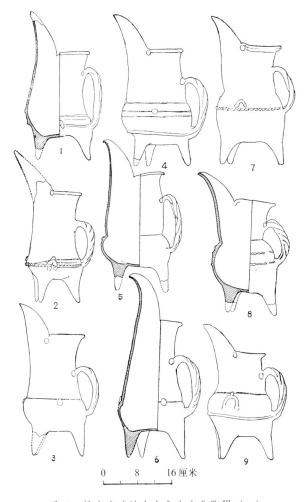

图五　姚官庄遗址出土龙山文化陶鬶（一）

1. Ⅰ型 1 式陶鬶（西 CT6:24）　　2. Ⅰ型 2 式陶鬶（H135:27）

3、6. Ⅰ型 3 式陶鬶（H100:21）　　4、5. Ⅰ型 4 式陶鬶（西 BT18:

30）（H153:6）　7、9. Ⅱ型 1 式陶鬶（H1:4）（H97:10）　　8. Ⅱ

型 2 式陶鬶（H139:3）

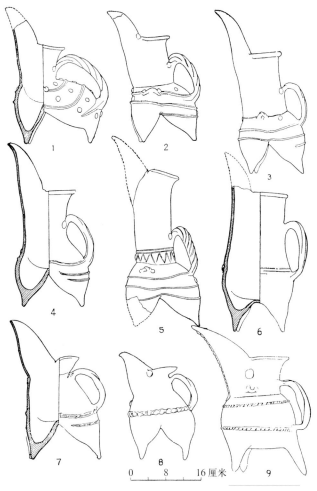

图六　姚官庄遗址出土龙山文化陶鬶（二）

1.Ⅲ型1式陶鬶（H97:6）　2、3、5.Ⅲ型2式陶鬶（H49:3;
H81:5; H81:2）　4.Ⅲ型3式陶鬶（西AT13:2）　6.Ⅲ型4式
陶鬶（西T1:1）　7.Ⅳ型1式陶鬶（H117:5）　8.Ⅳ型2式陶鬶
（西AT13:4）　9.Ⅱ型2式陶鬶（H56:2）

和支撑物，有的灶址灶面多达四层。房外四周的夯土基向外倾斜形成"散水"。各房呈东北、西南向排列，左右间隔很小，相邻房址散水下端的夯层常常互相交错，因而相邻房址的散水之间形成自然的排水凹沟。房子大小基本一致，一般面积在10～12平方米。这不仅是龙山文化地上房址的首次面世，也是全国史前期第一次发现夯筑低台基房子，夯土也属当时全国最早的夯土，这一住房建筑技术后来被作为龙山时代建筑技术的巨大进步而受到关注（图七、八）。

三是在第三次发掘中发现了由大汶口文化过渡到龙山文化的"三叠层"。下文化层属大汶口文化晚期，有两座墓葬。上文化层属龙山文化早中期，发现房子4座，墓葬15座；出土粗颈袋足鬶，大宽沿蛋壳黑陶杯，近直腹小平底单耳杯，鸟首形鼎足等龙山文化典型陶器。中文化层发现房址5座，墓葬1座；陶器以夹砂黑陶、夹砂灰褐陶为主，泥质黑陶数量不多。中文化层出现蛋壳黑陶高柄杯，系由下文化层的黑陶高柄杯发展而来；觯形黑陶杯发展成上文化层的近直腹小平底单耳杯；鼎足多为等腰三角形或空心半锥体加竖堆纹形，后者为上文化层的鸟首形足的祖型。中文化层具有承前启后的明显因素，属于最早的龙山文化。三层墓葬的形制、葬俗相同，房子形制与建筑技术一致，首次以确凿无疑的地层证据证明了大汶口文化与龙山文化的直接传承关系，两者属于同一文化谱系[3]（图九）。

4. 尹家城遗址

位于鲁中南泗水县城以西约10公里的尹家城村南，北距泗河3公里，南临兖（州）石（臼所）铁路，东西两侧各有小河，遗址所处台地高出河床14米。因河水冲刷和农民取土，

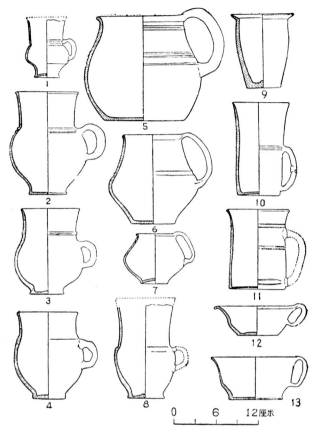

图七　姚官庄遗址出土龙山文化陶杯（一）

1、2.Ⅴ型1式杯（0357；西T1:14）　3、4.Ⅴ型2式杯（H140:
9；H106:5）　5.Ⅲ型1式杯（H97:12）　6.Ⅲ型2式杯（H76:
2）　7.Ⅲ型3式杯（H76:4）　8.Ⅴ型3式杯（西BT17:36）
9.Ⅰ型杯（H122:1）　10.Ⅱ型1式杯（084）　11.Ⅱ型2式杯
（085）　12.Ⅳ型1式杯（西BT6:11）　13.Ⅳ型2式杯（西
BT17:27）

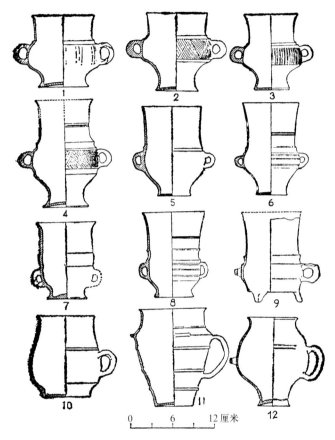

图八 姚官庄遗址出土龙山文化陶杯（二）

1、2、3.Ⅵ型 1 式杯（西 AT12∶4；西 BT19∶6；西 AT13∶26）

4、5、6.Ⅵ型 2 式杯（西 BT5∶15；H87∶1；西 BT17∶24）

7、8.Ⅵ型 3 式杯（东 T5∶13；H119∶5） 9.Ⅶ型 2 式杯（H142∶

4）10.Ⅴ型 4 式杯（096） 11.Ⅸ型杯（西 T1∶6） 12.Ⅷ型杯

（H97∶7）

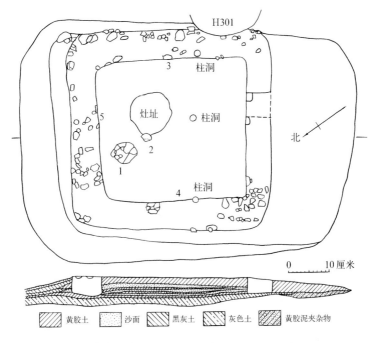

图九　东海峪遗址夯筑低台基房址 F301 平、剖面图

发掘前残存面积仅 4250 平方米，当地父老称 1943 年前后遗址比发掘前要大得多。遗址处于泗水河谷龙山文化聚落群的西南沿，附近缺乏龙山文化遗址。1963 年发现，1972 年定为山东大学考古专业实习基地。1973 年春该校进行了第一次小规模实习发掘。1979 年秋的第二次发掘，发现 4 座随葬品丰富的龙山文化大墓，在鲁中南地区属首次发现，同时证实存在介于龙山文化与商文化之间的“尹家城第二期文化”[4]（笔者按，即岳石文化）。

5. 鲁家口遗址

位于潍坊市潍城区张氏镇于村西南 1 公里处，南距潍坊市区约 15 公里，北至莱州湾约 37 公里，西距白浪河 1.5 公里，东距白浪河古道不到 1 公里，属平原遗址。遗址东西、南北各约 200 米，面积 4 万平方米。1972 年春发现，1973 年秋、1974 年春考古研究所山东队两次发掘，发掘面积 360 平方米。文化堆积厚 3 米以上，分 7 层，5～7 层属大汶口文化，3、4 层为龙山文化，还有少量岳石文化、商代灰坑和 11 座东周墓，以大汶口、龙山文化堆积为主，龙山文化遗存比较丰富。

龙山文化遗迹主要是灰坑与房址。发现圆形、椭圆形和方形灰坑 29 个，其中袋形穴约占一半。房址 11 座，除一座呈浅穴式外，均为地面建筑；除一座长方形房址外，均为圆形与椭圆形小房子，面积在 4～10 平方米之间。平地起墙或四周挖墙基，以木骨泥墙为主，墙中木柱数量不等，也有完全不用木柱的。墙体多用草拌泥筑成，两壁抹稀泥，内掺料姜石粉末。门居南，有的门前有夹道。室内地面加工平整，部分房址有灶址（图一〇）。

龙山文化遗物主要是石骨蚌陶器。石器 75 件，基本通体磨制，器形为斧、锛、凿、铲、镰刀、钺、镞、矛、锤、杵等。骨器 48 件，以镞最多，锥、笄次之，还有凿、刀、匕、针、鱼镖和鱼钩等。有较多蚌器，大多残破，器形以铲、镰、刀、镞为主。

陶器以黑陶为主，灰陶次之，红、白陶很少，80% 以上为素面陶，泥质陶都经磨光。纹饰有篮纹、弦纹、附加堆纹、压画纹、刻画纹、镂孔和乳丁等。器形有鼎、鬶、甗、罐、盆、匜、壶、罍、豆、盘、盂、钵、碗、杯和器盖等。发掘报告分鲁家口龙山文化遗存为两期四段，观其陶器形态，和姚官庄龙山文化遗存年代相当，约属龙山文化前期中晚段（见《鲁家口新石器时代遗址》,《考古学报》1985 年第 3 期)。

6. 三里河遗址

位于胶莱平原东部胶县(今胶州市)城南约 2 公里、北三里河村西的河旁台地上,东距胶莱河、东南距胶州湾各约 10 公里,遗址南北两面有小河。遗址南北约 250 米,东西约 200 米,面积 5 万平方米左右。目前胶州境内龙山文化遗址仅此一处,大汶口文化遗址也只有两三处。三里河为清代画家高凤翰的故乡,1959 年山东大学教师刘敦愿据高氏一幅写意 画上的陶鬶而发现该遗址。1974、1975 年考古所山东队、潍坊地区艺术馆共同进行了两次发掘,发掘面积 1570 平方米,文化遗存包括大汶口文化和龙山文化。龙山文化发现窖穴 37 个,柱洞 41 个,墓葬 98 座,可能同墓地有关的建筑遗迹 2 处。在窖穴与地层中发现黄铜器 2 件,石器 107 件(内工具 73 件),陶器 89 件。

在 98 座墓葬中,完全没有随葬品的 30 座。在 68 座有随葬品的墓中,随葬陶器的 62 座,其中只有一或两件陶器的 23 座,有 3~5 件的 16 座,6~10 件、11~17 件的各 11 座,最多的一墓(M2124)有 26 件陶器,内有蛋壳陶高柄杯 4 件,当时是唯一随葬蛋壳高柄杯最多的墓(图一一)。其他 6 座无陶器的墓仅有獐牙等物品。总体来说墓葬随葬品贫乏,但有 25 座墓共随葬了 35 件蛋壳陶高柄杯,约占陶器墓的 2/5(图一二)。随葬陶器总共 340 件,器形有鬶、甗、鼎、豆、壶、罐、尊、缸、罍、杯、蛋壳高柄杯、盂、盆、盘、盒、碗。随葬石器仅 14 件,玉骨角蚌器均极少见,其中两座有玉器的墓,是当时两城镇以外仅知的龙山文化玉器墓(图一三)。发掘报告分这批墓葬为三期,第一期属龙山文化早期,可同大汶口文

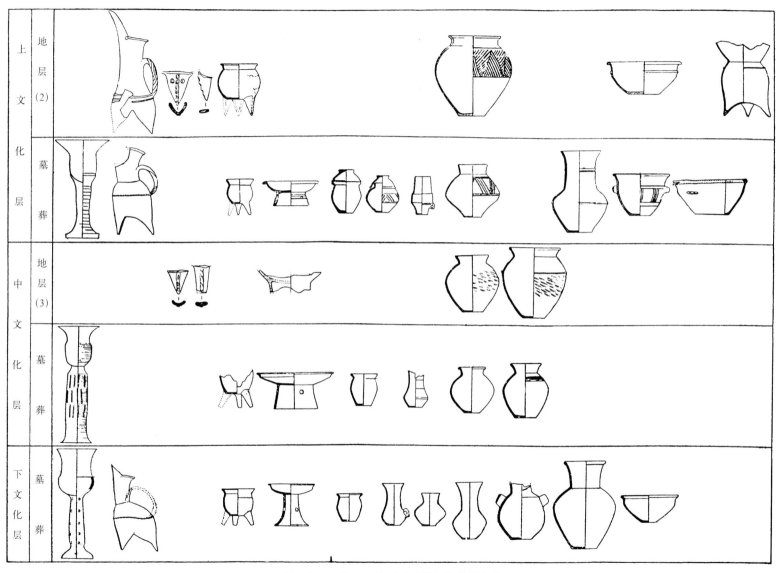

图一〇　东海峪遗址"三叠层"陶器演变图

图一一　鲁家口遗址 F106 平面图

化衔接；第二期约属龙山文化中期，第三期属龙山文化晚期。一、二期互相衔接，二、三期之间尚有缺环[5]。三里河是清理龙山文化墓葬最多的遗址，对研究龙山文化墓葬、分期和深化对龙山文化的认识具有重要意义。

7. 尚庄遗址

位于山东西部茌平县城西南 2 公里的尚庄村东，坐落于鲁西平原东部，遗址中心高出周围地面约 3 米，俗称"冈子"。东西约 300 米，南北约 250 米，面积约 75000 平方米，属于茌平龙山文化聚落群北部的遗址。1975 年春农民在西缘挖沙发现了遗址，同年秋和翌年春，山东省博物馆两次发掘，发掘区集中于遗址的西南部，在遗址南沿也发掘了 5 个探方，发掘总面积 1125 平方米。文化遗存主要属大汶口文化与龙山文化，

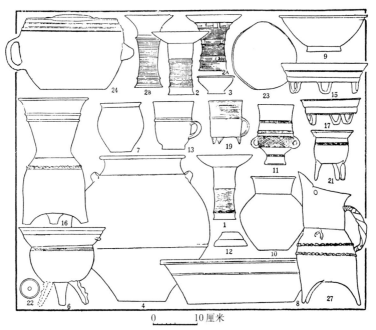

图一二　三里河遗址 M2124 随葬陶器图

此外还有岳石文化、商、西周、春秋和汉代遗存，后者在遗址东部堆积相当丰厚。

龙山文化清理灰坑 139 个，灰沟一条，房址一座。灰坑分属上下两层，下层 70 个，多数圆形，少数椭圆形，形状较规整，坑壁较直，坑底平坦，有的坑有黄沙土硬底或二级台阶。上层灰坑 69 个，以圆形居多，还有椭圆形、不规则形等，均为锅底形坑，未特别加工。房址（F1）属上层，圆形，直径 4.25~4.30 米，门向东，漫坡式门道；房基由六层草拌泥铺成，层厚 4~6 厘米，表面铺抹一层白灰面，平整光滑，可能由土坯起砌屋墙。

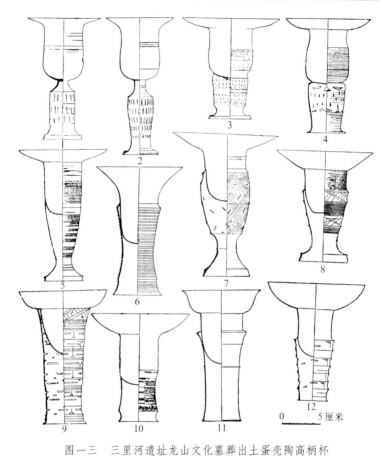

图一三　三里河遗址龙山文化墓葬出土蛋壳陶高柄杯

1、2. Ⅰ式 M2113:3　M280:1　3、4. Ⅱ式 M2108:7、M210:10　5. Ⅲ式 M278:1
　6. Ⅳ式 M2124:2B　7、8. Ⅴ式 M2116:1　M223:2　9. Ⅵ式 M240:14　10. Ⅳ式
M2124:1　11. ⅧA式 M240:9　12. Ⅶ式 M298:1

出土龙山文化石器 70 件，骨器 111 件，蚌器 101 件，角牙器 10 件（内含角器 2 件），卜骨 5 件，陶器 918 件，其中复原的 141 件大部分出自灰坑。陶器夹细砂陶最多，泥质陶其次，细泥陶很少，粗砂陶极少，有个别掺碎蚌片陶。灰陶占绝大多数，黑陶、红陶次之，白陶、橙黄陶极少，除个别里灰表黑或黑皮褐胎者以外，大都表里一致。陶器轮制为主，也有手制。素面陶占多数，大都磨光；施纹饰者常见篮纹、方格纹、绳纹、弦纹、堆纹、刺纹、铆钉纹、镂孔、刻画纹和叶脉纹。器形有鼎、鬶、甗、斝、鬲、罐、小罐、子口罐、盆、盂、筒形单把杯、豆、圈足盘、粗圈足盘、环足盘、器盖、盒、碗等。五件卜骨均为牛羊肩胛骨，仅烧灼而无钻凿。畜、兽骨较多，有牛、猪、狗、鹿、獐、獾、四不像鹿。蚌壳也较多，有的成堆发现。发掘报告把尚庄龙山文化分为两期，相当于龙山文化后期的早、晚段[6]。这是鲁西地区继 50 年代末青堌堆试掘后首次较大规模的发掘，比较丰富的资料和一些明显不同于鲁东龙山文化的特征，为研究龙山文化的分布范围、地方类型及其和后岗二期文化的关系提供了重要资料。

8. 呈子遗址

位于鲁东诸城县（今诸城市）城南 15 公里呈子村西的河湾台地上，处于丘陵地带，西北 1.5 公里有常山，周围形成了 3~5 米高的断崖，高于呈子村地面 10 米左右。遗址东西约 200 米，南北约 100 米，1973 年发现。为配合农田建设，昌潍地区文物管理组于 1976 年秋、1977 年春两次发掘，1978 年山东省博物馆再作发掘，前两次发掘面积共 1300 平方米，文化堆积 1~3 米，分属大汶口文化、龙山文化和商周时期。

龙山文化（呈子第二期文化）发现房址 2 座，灰坑 16 个，墓葬 87 座。墓分东西北三区埋葬，均土圹墓，单人葬，仰身直肢，头向东南。其中木椁墓 10 座，其余均无葬具。随葬品主要是陶器，极少见工具和装饰品。有随葬品的 33 座，32 座随葬了陶器，其中有 10 座墓随葬了蛋壳陶高柄杯，有一座墓为 2 件，余各 1 件。有 4 座墓墓主手握獐牙，大墓常见猪下颌骨。随葬工具的仅两墓，一墓石刀、陶纺轮各一，一墓石镞一件。发掘报告把这批墓分为四类（等级）：第一类，木椁墓，5 座，占总数的 5.7%，随葬品丰富，均有蛋壳陶高柄杯和猪下颌；第二类，11 座，约占 13%，有二层台，葬具不普遍，随葬品在 5 件以上，少数有蛋壳陶高柄杯和猪下颌；第三类，17 座，占 20%，墓圹狭小，无二层台，无葬具，随葬品在 3 件以下，制作粗劣；第四类，54 座，占 62%，墓圹狭窄仅容尸体，无葬具，无随葬品。墓葬年代属龙山文化早期，文化特征和三里河龙山墓葬一致[7]。

9. 尧王城遗址

位于鲁东南沿海日照市西南约 17 公里的南新庄东北，村子占压了遗址西南部，尧王城坐落于遗址东部，东距胶新公路 3 公里，北去高兴镇 4 公里，属于付疃河流域龙山文化聚落群的中心聚落。遗址为坡地，由北向南倾斜，东西 630 米，南北 820 米，面积约 52 万平方米，文化堆积 2～3 米，主要属龙山文化，也有商周汉代遗存。为配合农田建设，临沂地区文物管理委员会于 1978 年冬、1979 年春分西北、东南两区进行了发掘，发掘面积 300 平方米。清理龙山文化房址 6 座、墓葬 39 座（西北区房址 1 座、墓 20 座，其余属东南区）。房子方形或长方形，墙基、门道、居住面和灶址均保存较好。其中一座（F6）挖槽木骨泥墙，一座墙基下凹，其余 4 座均用土坯直接在地面上砌墙。土坯平铺横砌，上下层土坯交互错缝，中间糊黏泥，墙皮亦抹黏泥。三座房门朝南，两座朝东，一座不明。灶址设房内东北、西北部不定，中间都有保存火种的圆洞，洞径一般9厘米左右。有的房子居住面亦铺土坯。

墓全是长方土圹单人葬，仰身直肢，头向以184°～225°的西南向为主，共27座，其余12座或朝东、东南、南和西北。未见葬具，但有两墓骨架周围围绕陶片。有随葬品的墓16座，随葬品多为陶器，不见工具与装饰品。陶器墓12座，只有M9有11件陶器，其余都只有1～4件。尧王城出土物有陶、石、骨器，还发现了铜渣。发掘简报分这批龙山遗存为三期。从发表的材料观察，一、二期属龙山文化前期，第三期约属后期早段[8]。

10. 王油坊遗址

位于河南最东部永城县城以东约26公里的王油坊村东北的堌堆上，北临龙兴渠，东距浍河250米，处于黄河冲积平原。这一带有个龙山文化小聚落群，王油坊遗址属群内聚落之一。1936年发现，70年代中期遗址范围东西、南北各约100米，面积约1万平方米。1977年春季和秋季，中国社科院考古所河南二队两次发掘，发掘面积800平方米。文化堆积厚约3米，地层简单，基本属龙山文化，仅局部地段有商代灰坑与东周墓打破龙山堆积。因水位过高，所有探方均未发掘到底。龙山文化清理房址20座，有方形与圆形两种，半地穴式与地面建筑两类。以单间为主，也有连间的排房，但互不相通。房子有分层夯筑成的地基，在地基上起墙，不挖墙槽。晚期有用土坯错缝砌墙，土坯用草泥土制成，大小厚薄一般为40×20×10厘米左右。许多房内地面抹成白灰面。发现了3座石灰窑，均作筒形坑状，口径 1.5 米左右，坑底与坑壁呈红色或青灰色，坑内残存较多的白灰块和未烧透的石灰石及炼渣，有的底部遗留一层草木灰。还发现满装石灰的圆坑和盛石灰膏的陶容器。石器数量较少，骨蚌器较多，尤以蚌镰、蚌刀甚众，陶网坠亦多（图一四、一五、一六、一七）。

陶器多为泥质陶，夹砂陶很少，有一定数量夹蚌末陶。灰陶占绝大多数，黑陶比例小，有一部分褐陶。素面陶占多数，带纹饰陶比例较大，纹饰有篮纹、绳纹、方格纹、弦纹、刻画纹、堆纹等，器形有罐、鼎、鬶、甗、盆、壶、匜、钵、瓮、

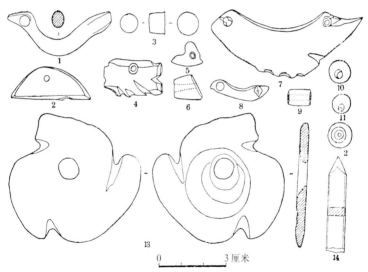

图一四　三里河遗址 M203、M228 出土玉器与绿松石饰

1. 鸟型玉饰 M203：11　2. 半圆形穿孔玉饰 M203：19　3. 玉钻心 M203：84. 长方形穿孔玉饰 M203：14　5. 鸟形玉饰 M203：13　6. 绿松石饰 M228：1　7、8. 鸟形玉饰 M203：15、M203：20　9. 绿松石饰 M228：2　10~12. 玉珠 M203：17、M203：18、M203：22　13. 璇玑形玉环 M203：9　14. 残镞形玉器 M244：5

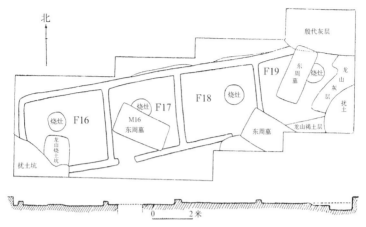

图一五　王油坊遗址排房 F16～F19 平、剖面图

缸、尊、圈足盘、豆、筒形杯、盒、箅子、器盖等。发掘报告
分王油坊龙山文化遗存为上中下三层，代表了紧密连接的三个
发展阶段[9]。除个别单位能早到龙山文化早期，大都属龙山
文化晚期阶段。

（三）龙山文化研究的初步发展

在前一阶段，主要对泛龙山文化进行了分区研究，三区说
与三期说代表了 30 年代末的认识和最高研究水平。50 年代末
良渚文化的确立和黄河流域泛龙山文化四类型的初步确认，则
宣告了泛龙山文化阶段的基本结束，开辟了单纯龙山文化研究
的新阶段。在这阶段调查发掘工作的多方位开展，资料大为丰
富，发现了约 600 余处遗址，积累了包括居址和墓地的大批比
较系统的资料，为研究提供了全新的资料基础，研究领域有所
拓宽，但主要集中于分布范围、文化面貌的概括和年代、文化

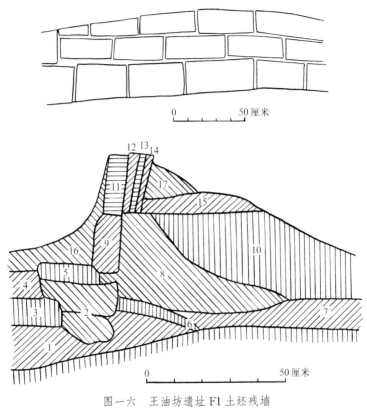

图一六 王油坊遗址 F1 土坯残墙

上：F1 墙壁砌法局部侧视图 下：F1 东侧剖面图（2、5、9、11 为黑土坯）

源流方面的探讨，虽也提出了社会经济、社会性质与族属等问题，但都未能展开讨论。就龙山文化的研究而论，本阶段实际上仍处于初步研究阶段，尽管本阶段已处在龙山文化发现以后的 30～50 年间。由于客观环境的制约，导致学科经历了近 30 年的童年期，这期间无论考古界、古史界都存在把十分复杂的中国史前文化简单化的倾向，泛仰韶文化与泛龙山文化长期被

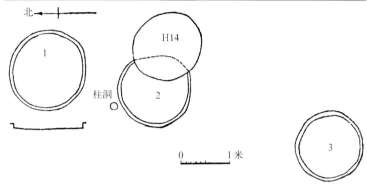

图一七 王油坊遗址龙山文化石灰窑（1~3）平面图

看成中国两大新石器文化的事实便是最好的证明，这自然会对龙山文化的深入研究产生不利的影响。另一方面是大汶口文化的发现，虽一度推动了龙山文化的研究，但很快成为六七十年代人们关注的焦点，影响了对龙山文化的深入研究。其次，尽管本阶段进行了许多龙山文化的重要发掘，但正式公布的材料很少。上述原因导致本阶段龙山文化的研究基本上局限于源流、年代和分布范围等方面，研究领域比较狭窄。

1. 龙山文化的分布范围

自五六十年代之交龙山文化开始成为独立的考古学文化以后，一些文章都论及它的分布范围，概括这一阶段的基本认识是：龙山文化以鲁中到沿海为中心，东北包括辽东半岛或半岛南部[10]，但在 70 年代后期，出现了辽东半岛南部不是龙山文化分布区，只是受其影响的意见[11]。北界在冀南冀东，但具体界限不详。西界约在泰山西侧和南四湖东岸一带，鲁西与鲁西南被认为是另一种文化的分布区。南面以淮河为界，江苏文物部门在苏北调查所发现的 23 处龙山文化遗址均在淮河以北。但本阶段江淮地区的史前文化尚不明朗，龙山文化是否越过淮河仍是未知数。其中可以黎家芳、高广仁的观点为代表，他们说："典型龙山文化的中心区域当从山东中部往东直到黄海之滨。向北可达辽东半岛南端，向西似未进入鲁西平原，向南达于苏北一带，它与大汶口文化有着大致相同的分布范围……城子崖类型实际上是典型龙山文化在晚期与西部的另一文化互相交流所产生的一种地方变体。至于鲁西平原以青堌堆为代表的一类遗存，则与两城类型有更大的差异，似应分属于两种不同的文化"[12]。此前有人已提出以青堌堆为代表的鲁西南龙山文化同豫东王油坊类型是另一体系的文化，并以青堌堆类型称之[13]，有人则将青堌堆明确归属河南龙山文化大寒类型（即后岗类型）（见《中国考古学会第一次年会论文集》所收李仰松《从河南龙山文化的几个类型谈夏文化的若干问题》一文）。还有人把尚庄归属后岗二期文化[14]，但是山东的考古人员大都主张属于龙山文化。总之，这阶段多数人主张龙山文化未达鲁西地区。

2. 龙山文化的源流与年代

50 年代中期以前，龙山文化与仰韶文化大致被认为是并列发展的两支新石器文化，龙山文化由东往西发展，在豫北地区两者相会合。50 年代中期庙底沟第二期文化的发现和三里桥的发掘，证明河南龙山文化系由仰韶文化发展而成，中原古文化具有发展的连续性，同时也提出山东龙山文化可能另有来源。50 年代末刘敦愿指出山东地区存在以红陶为特征而较龙山文化原始的文化遗存，但缺乏发掘资料，难得其详。1959年山东省文物管理处在宁阳县堡头镇发掘了 130 余座墓葬，出土了大批全新的瑰丽多彩的器物。陶器以红陶为主，其中有精美的彩陶、白陶与青灰陶，风格同龙山文化迥异，但也反映出两者之间的某些联系，起初称"堡头类型"，其文化性质及其与龙山文化的关系引起考古学界的极大关注。当时有人认为它可能是早期的'典型龙山文化'，也有人认为它可能是晚期的'典型龙山文化'，或者属于另一类的文化遗存[15]。1962年曲阜西夏侯的发掘，证明它是早于龙山文化的一种遗存，但不清楚两者是不是直接传承关系。后来堡头类型定名为大汶口文化。1975年日照东海峪三叠层的发现，首次从地层上证明了龙山文化是由大汶口文化直接发展来的，终于得知东方和中原一样具有自成体系的古文化，最终把龙山文化和后岗二期文化、庙底沟二期文化等完全区别开来，并确认东海峪三叠层的中层是最早的龙山文化。

在探讨龙山文化来源的同时，也对其发展去向进行了探索。黎家芳、高广仁在《文物》1979年第11期发表他们合写的《典型龙山文化的来源发展及社会性质初深》中，首先提出这一问题。指出曾被认为是典型龙山文化的平度岳石遗址，有一类具有新特点的器物，在赣榆下庙墩、烟台丁家店等地也有发现，晚于以姚官庄为代表的龙山文化晚期遗存，"如果将来能把岳石一类遗存的文化面貌揭露清楚，那么也可能仍在典型龙山文化中另立一期，或独立为晚于典型龙山文化的另一文化"。严文明在《文物》1981年第6期发表《龙山文化与龙山时代》一文，指出继龙山文化之后发展起来的，在鲁中南不甚清楚，在胶东则是以平度东岳石遗址为代表的一类遗存，不妨称之为"岳石文化"，首次提出岳石文化的命名，并"推测这种文化的居民应是夏代前后的夷人"。1979年在泗水尹家城遗址发现一种介于龙山文化和二里岗上层商文化之间的遗存，发掘简报称为"尹家城第二期文化"[16]。1982年蔡凤书在《文史哲》第 2 期发表《山东龙山文化"去脉"推论》，指出尹家城第二期文化的陶器灰陶所占比重较大，陶器纹饰造型有独特之处，既不同于山东龙山文化，也不同于商文化，可能和早商或夏文化有关，并推定其年代在公元前 18~前 15 世纪之间。他说，在提出龙山文化去向问题以来，这类遗址发现越来越多，主张将这类遗存称为"尹家城第二期文化"，认为这比叫岳石文化更贴切，它是山东龙山文化的"去脉"。其实在探讨龙山文化的去向问题上，除了定名，当时并无分歧。1979 年发掘了牟平照格庄，1981 年尹家城进行了第三次发掘，1983 年又发掘了益都（今青州市）郝家庄遗址，这类遗存的面貌已基本清晰，定名也统一为岳石文化，确认它为继龙山文化以后的考古文化，其年代被确定为公元前 1900~前 1500 年。但当时尚未完全解决两者是不是传承关系，一般认为两者属于同一文化体系，但缺乏深入论述，对两者的关系实际上也存在不同看法。这问题在下个阶段才得到基本解决。

龙山文化相对年代的确定，为解决它的绝对年代提供了基础，但最初各家所定年代不很一致，主要原因是缺乏碳 14 系列测年数值和尚未建立系统的文化分期。有的把龙山文化定为公元前 2400~前 1800 年[17]，有的定为公元前 2400~前 1900 年[18]，有的定为公元前 2400~前 2000 年[19]。上限比下一个阶段确定的公元前 2600 年晚 200 年，公元前 2000 年的下限年代符合实际。

3. 对文化面貌认识的深化

考古学文化的面貌或文化特征是考古学的起步研究，是个必须首先要解决的课题。但对一支文化总体面貌的认识，是随着材料的不断丰富和研究的深入而逐步深化的，因而系统全面地把握一支大范围的考古文化的总体面貌，大都需要经历漫长的过程，龙山文化尤其如此。当龙山文化发现之初，以其黑陶为突出的特征而与仰韶文化相区别，但把凡有黑陶的文化遗存都称之为龙山文化，使龙山文化成为包罗许多不同文化的庞杂体，正说明材料的单薄和学科的童年期极大地局限了人们的认识。30 年代末梁思永、尹达先后提出的"三区说"与"三期说"，虽以泛龙山文化为基础，但也对后来的单一龙山文化的一些基本特征作出了最初的概括。当时只发掘了城子崖、两城镇和造律台等几处遗址，而且城子崖含有岳石文化，两城镇的资料则未能公布，极有限的资料不可能全面反映其文化面貌，人们只能认识其已经初步显示出的部分特征。50 年代黄河中游和浙江北部地区的一些重要发现，对单一龙山文化的确立产生了重要影响，自然也对认识龙山文化的总体面貌和基本特征有着重要作用。但这期间在龙山文化分布区仅做了些调查与试掘工作，认识基本上没有多大发展。60 年代以后，尤其是 70 年代，情况大为改观。这期间对许多龙山文化遗址和墓地的较大规模的发掘，积累了比较丰富的科学资料，而且确定了它的相对年代，明确了它来源于大汶口文化，提出了岳石文化可能是其发展去向，从而不仅可以对龙山文化的总体面貌与基本特征作出比较准确而全面的概括，而且也能初步了解其地区性差异与时间性差异。70 年代的一些文章对此各有不同程度的概括，对龙山文化总体面貌与基本特征的认识跃上了一个新台阶。

龙山文化拥有特征鲜明的陶器群。其陶质以细砂陶与泥质陶为主，泥质陶包括泥质和细泥陶两种，局部地区有少量夹蚌末陶。表里透黑的黑陶和光亮黝黑如漆的细泥陶，构成突出的特征，在东部地区占绝对优势，同时有相当数量的灰黑陶；西部地区则以灰陶为主，黑陶居次。均有少许红、黄、白陶。一般皆为快轮制作，结合手制、模制来制作袋足、器足、耳、把等部件。器表大多素光，器物的纹饰大部分很简练，常见纹饰为凹凸弦纹、压印纹、堆纹、刻画纹、篮纹、波纹、竹节纹、镂孔、方格纹和绳纹，绳纹只见于西部地区，东部地区基本不见。除篮纹、方格纹和绳纹施于罐、瓮等器身大部，其他纹饰均施于特定器形的固定部位，如堆纹之施于鼎、鬲腹部和鼎足，波纹、竹节纹、镂孔之施于蛋壳陶高柄杯等。流行三足、袋足、高圈足、假圈足和平底器，不见圜底器。器类繁多，有鼎、鬲、甗、豆、壶、罐、瓮、罍、双耳杯、单耳杯、三足杯、蛋壳陶高柄杯、盆、盘、匜、盂、钵、碗、盒、皿、瓶、盉、尊、鬶、器盖、斝等二三十种，其中许多器类都有纷繁的型式，鬶、斝等只见于西部地区。综观龙山文化陶器群，造型优美，制作精致，器胎薄而匀称，纹饰简洁，以素雅为胜，不尚浮华，许多器形融实用性与艺术性为一体，堪称古陶珍品，尤以蛋壳高柄杯和鬶，既是龙山文化最具特征性的器物，也是稀世工艺瑰宝，吸引学者对其进行了专门研究[20]。

龙山文化石、骨器丰富，分布区的西部多蚌器。石器大都磨制，大件石器如石斧等器身往往留有疤痕，有的器身琢制，仅磨刃部，也有少许石镞等细石器。石器器形有斧、锛、凿、铲、镰、刀、钺、镞、矛、锤、杵、锥、纺轮、璜、环等，器形都已定型。石斧厚长方形或略作梯形，双面刃；石铲扁薄长方形或梯形，单面刃；石锛梯形，单面刃；石凿厚长条形，一般单面刃；石刀长方形，或一端较宽，背穿双孔，单面刃；石镰尖首、宽尾、拱背，单面凹刃；石镞以三角形、菱形为多，有铤。骨器均磨制，器形有锥、针、笄、镞、凿、铲、矛、镰、刀、鱼镖、鱼钩、匕、钻和装饰品。蚌器主要是铲、镰、镞、锥等工具，还有少量匙、环、穿孔蚌片等生活用具与饰品。

这阶段，在东海峪、鲁家口、尧王城、王油坊等遗址发现了四五十座中小型房址，对龙山文化住房建筑有了初步了解。房子形制有半地穴式和地面建筑两大类，前者方形、圆形或长方形，主要属于前期；后者方形、长方形、圆形或椭圆形，方形与长方形住房属于主要形式。住房以单间为主，地面建筑也有双间和排房，但后者不相通。地面建筑又分平地起建和筑低台基建房两类。前者有在地面砌墙和挖槽筑木骨泥墙之别，后者的台基或分层夯筑，或铺垫几层草拌泥而成。墙用大型土坯逐层错缝叠砌或用草拌泥、湿泥块堆砌，墙皮用泥浆或掺料姜石粉末涂抹。门以朝南为主，也有部分门朝东。有的地面铺一或两层土坯，西部地区还有白灰面和排房。许多房子房内发现灶址。房子面积一般在 10～16 平方米。

在墓葬方面，尽管早在 1936 年就发掘了两城墓地，但资料未能公布便毁于日寇侵华战火，直至 70 年代初期再未发掘墓地，所以对龙山文化墓葬长期缺乏认识。自 1973 年开始到 70 年代末，先后发掘了东海峪、大范庄、三里河、呈子、尧王城、尹家城等墓地，清理了近 300 座墓葬，除尹家城有数座规模较大外，基本上属于小型墓，其中有少数中型墓，大大丰富了对龙山文化中小型墓的认识。龙山文化墓葬均为长方竖穴土圹墓，基本东西向，个别为南北向。头向东西不定，但各墓地头向基本一致。多为仰身直肢单人葬，偶见俯身葬与屈肢葬。中型以上墓流行木椁，个别墓地有石棺。随葬品基本上只

用陶器，极少随葬石骨角蚌器，而且陶器数量也不多，中型和
大型墓也不过十件左右到二三十件，但随葬蛋壳陶高柄杯的墓
比重相当可观，一般一墓一件，有数墓为 2 件，三里河的一座
墓最多，达 4 件（下阶段发现一墓最多达 6 件），可见蛋壳陶
高柄杯这种稀世珍宝是专用于随葬的礼器，指示墓主的社会地
位，并构成龙山文化墓葬的突出特征之一。墓葬分化严重，形
成数个等级，毫无随葬品的小墓往往超过半数，加上只有 5 件
器物以下的墓，占了各墓地墓葬的绝大多数或大多数。例如呈
子墓地所清理的 87 座龙山文化墓可分为四个等级：一等为木
椁墓，随葬品丰富，内有蛋壳陶高柄杯和猪下颌，仅 5 座；二
等 11 座，葬具不普遍，随葬品 5 件以上，少数有蛋壳陶高柄
杯和猪下颌；三等 17 座，墓圹狭小，无二层台和葬具，随葬
品在 3 件以下，且制作粗劣；四等 54 座，占 62%，仅有狭窄
墓圹容身，别无他物。三、四等墓相加共 79 座，占 82%，可
见墓葬分化之深刻。

　　至 80 年代初即本阶段之末，对龙山文化基本面貌与基本
特征的认识已有重大进展，基本上掌握了陶器和石骨蚌器的特
征，获得前所不知或知之甚少的住房与墓葬的知识。下一阶段
又获得聚落、城、原始城市和大墓、玉器等方面的初步知识，
形成目前对龙山文化基本面貌和文化特征较为全面与深入的认
识。

　　另一方面，70 年代的发掘成果也使龙山文化的地域性差
异与时间性差异比以前更为清楚。70 年代末有人在泛龙山文
化三区说的基础上，提出典型龙山文化"至少可以分为两个类
型。按照惯例可分别称为两城类型和城子崖类型"。指出城子
崖类型灰陶数量增多，出现了少量方格纹、绳纹和一些新器

形，蚌器骨角器也较两城类型多。并融合"三区说"与"三期说"，认为这两个类型"既是地域上的差异，也不排除在鲁中南一带城子崖类型晚于两城类型的可能性……城子崖类型实际上是典型龙山文化在晚期与西部的另一文化互相交流所产生的一种地方变体"。同时分析了以东海峪、大范庄为代表的龙山文化早期遗存和以姚官庄为代表的晚期遗存的特点，说明龙山文化陶器早晚的发展变化[21]。尽管下个阶段证明两城类型与城子崖类型各自承袭当地的大汶口文化，两者并列发展，姚官庄的龙山文化虽然晚于东海峪、大范庄的龙山文化早期遗存，但基本上仍属于龙山文化前期，但是这在泛龙山文化三区说与三期说的基础上，开始了龙山文化的类型研究，也可视为两城类型（当时两城类型基本上指鲁东地区）分期研究之始。

此外，本阶段的研究也涉及龙山文化的族属，并提出了社会性质问题。到前者有关文章虽发表于 60 年代早期，但并未展开讨论，后者的提出已在 70 年代末，而这两个问题在下一阶段都受到了关注，并取得了重要成果。

注　释

[1] 中国科学院考古研究所山东队《山东平度东岳石村新石器时代遗址与战国墓》，《考古》1962 年第 10 期。

[2] 山东省文物考古研究所等《山东姚官庄遗址发掘报告》，《文物资料丛刊》第 5 集，文物出版社 1981 年版。

[3] 山东省博物馆等《一九七五年东海峪遗址的发掘》，《考古》1976 年第 6 期。第一二次发掘未发简报。

[4] 山东大学历史系考古教研室《泗水尹家城》，文物出版社 1990 年版。

[5] 中国社会科学院考古研究所《胶县三里河》，文物出版社 1988 年版。

[6] 山东省文物考古研究所《荏平尚庄新石器时代遗址》，《考古学报》1985 年第

4 期。

[7] 昌潍地区文物管理组等《山东诸城呈子遗址发掘报告》，《考古学报》1980 年第 3 期。

[8] 临沂地区文物管理委员会等《日照尧王城龙山文化遗址试掘简报》，《史前研究》1985 年第 4 期。

[9] 商丘地区文物管理委员会等《1977 年河南永城王油坊遗址发掘概况》，《考古》1978 年第 1 期；中国社会科学院考古研究所河南二队《河南永城王油坊遗址发掘报告》，《考古学集刊》第 5 册，1987 年。

[10] 这阶段多数人仍把辽东半岛或旅大地区归属龙山文化分布区，例如：中国科学院考古研究所《新中国的考古收获》第 14～21 页，文物出版社 1961 年版；夏鼐《碳－14 测定年代和大汶口文化》，《大汶口文化讨论文集》，齐鲁书社 1979 年版；安志敏《略论三十年来我国新石器时代考古》，《考古》1979 年第 5 期；黎家芳、高广仁《典型龙山文化的来源发展及社会性质初探》，《文物》1979 年第 11 期。

[11] 辽宁省博物馆文物工作队《概述辽宁省考古新收获》，《文物考古工作三十年》(1949～1979 年)，文物出版社 1979 年版；邵望平《对龙山文化的再认识》，载《新中国的考古发现和研究》第 101 页，文物出版社 1984 年版；又载《山东龙山文化研究文集》，齐鲁书社 1992 年版。

[12] 黎家芳、高广仁《典型龙山文化的来源发展及社会性质初探》，《文物》1979 年第 11 期。

[13] 吴秉楠、高平《对姚官庄与青堌堆两类遗存的分析》，《考古》1978 年第 6 期。

[14] 黎家芳、高广仁《典型龙山文化的来源发展及社会性质初探》，《文物》1979 年第 11 期；伍人《山东地区史前文化发展序列及相关问题》，《文物》1982 年第 10 期；杨锡璋《黄河中游的龙山文化》，《新中国的考古发现和研究》第 75 页，文物出版社 1984 年版。

[15] 中国科学院考古研究所《新中国的考古收获》第 20 页，文物出版社 1961 年版；杨子范、王思礼《谈谈龙山文化》，《考古》1963 年第 7 期，又载《山东龙山文化研究文集》，齐鲁书社 1992 年版。

[16] 山东大学历史系考古专业《泗水尹家城遗址第二三次发掘简报》，《考古》1985 年第 7 期。

[17] 夏鼐《碳－14 测定年代和大汶口文化》，《大汶口文化讨论文集》，齐鲁书社 1979 年版。

〔18〕黎家芳《山东史前文化在远古文明形成中的地位》，载《山东史前文化论文集》，齐鲁书社，1986 年版；韩榕《胶东史前文化初探》载《山东史前文化论文集》，齐鲁书社 1986 年版。

〔19〕同〔12〕。

〔20〕苏迎堂《古陶瑰宝——蛋壳陶》，《文物》1980 年第 9 期；杜在忠《试论龙山文化的"蛋壳陶"》，《考古》1982 年第 2 期；吴汝祚《试论龙山文化的蛋壳陶杯》，《史前研究》1987 年第 1 期；高广仁、邵望平《史前陶鬶初论》、《考古学报》1981 年第 4 期。

〔21〕同〔12〕。

三　龙山文化考古的深入发展
（一九八一年以后）

1978 年 12 月，中国共产党召开了十一届三中全会，确定了以经济建设为中心，以改革、开放为两个基本点的总路线，中国现代史进入发展新时期，考古学迎来了黄金时代，考古工作全面振兴。1981 年 5 月，苏秉琦在《文物》发表了《关于考古学文化的区系类型问题》的著名文章，正式提出"考古学文化区系类型"的理论。以此为标志，中国考古学进入一个新的发展阶段，无论理论、方法、实际工作和课题研究，都取得了巨大成绩，学科总体水平得到显著提高。在有利的客观环境和学科迅速发展的大好形势的推动下，龙山文化考古出现了一派繁荣景象。这阶段开展了全面调查，进行了全方位的发掘，改进了田野工作方法，提高了田野工作质量，发现了一批龙山文化城，整理发表了大批资料。一些课题得到了基本解决或取得重大进展，有些重大课题被提出与突出，其总体成绩成为本阶段史前考古引人注目的成果之一，为学科的发展作出了一定的贡献。

（一）学科新理论新概念的指导

本阶段的龙山文化考古同前一阶段的一个关键性区别，就在于有了学科新理论、新概念的指导，主要是"考古学文化区系类型""古文化古城古国"和"龙山时代"等学术思想的指导，同时课题意识一再被强调，因此本阶段龙山文化考古工作的开展，具有更强的自觉性，更高的出发点，有着更为明确的课题意识。

1．"考古学文化区系类型"理论的提出

1979年4月，苏秉琦在西安召开的全国考古学规划会议和中国考古学会成立大会上，对当时学科的基本任务提出了两点意见："一是全国古文化的区、系、类型问题；二是原始社会的解体与阶级、国家的产生，以及统一多民族国家的形成和发展问题。"指出探讨这两个问题的学术目的与现实意义是："第一，应当把被歪曲了的历史恢复它的本来面貌。这就是，中原中心、汉族中心、王朝中心的传统观点，必须改变，恢复历史的原貌。第二，必须正确回答下列诸问题，中国文明起源、中华民族的形成、统一多民族国家的形成和发展，等等。第三，这样，我们就有可能对'国家的统一，人民的团结，国内各民族的团结'，做出自己更多的贡献，为我们实现新时期总任务所不可缺的国际和平环境和增进我国与世界人民、特别是邻境国家人民之间的友好关系，做出更多的贡献"[1]。1981年5月，苏秉琦在《文物》正式发表《关于考古学文化的区系类型问题》[2]，文章说道："近代考古学在中国出现的时间并不长，但这一学科获得的发展却相当迅速。特别是新中国成立以来，考古发现无论是从上下所跨的时代还是从涉及问题的广度来说，都是空前的。很多空白已被填补，不少重大的课题被提到我们面前。我国的考古学已经初步建立起自己的体系。这一切都表明我国考古学的发展已经进入新的发展阶段。这是我们今天提出探讨区、系、类型这一课题的前题。……区是块块，系是条条，类型则是分支。"依据当时所公布的资料，他

把全国的古文化分为六大块，其中之一便是以山东为中心包括邻境地区在内的海岱文化区。

考古学文化区系类型这一学术思想，是在学科发展到一个阶段性的转折点时提出来的，是一种方法论，同时也提出了一大课题，实即考古学基础研究课题，"意味着我们要对半个多世纪考古工作进行大量的总结性研究"[3]。80 年代以来，北京大学考古系、山东省文物考古研究所、中国社会科学院考古研究所山东队和山东大学历史系考古专业等考古机构，分别在胶东半岛、泰沂山北侧和南侧等地区，进行了实践，发表了一系列论著，取得了重大成果。其中龙山文化方面的成果见于后文的有关项目。

2."古文化古城古国"理论的提出

1985 年 10 月，苏秉琦在辽宁兴城"辽西考古会议"发表了《辽西古文化古城古国——试论当前考古工作重点和大课题》的著名讲话[4]。他说，"古文化、古城、古国"这三个概念分开来看不是新课题，把三者联系在一起是新概念。他对这一新概念的提出过程和提出的目的作了回顾与说明。早在1975 年在河北承德召开的北方七省文物工作会议时，他提出应把"古城古国"作为文物工作的重点，但当时指的是历史时期的遗存，而未指出史前遗存的重点。1981 年正式提出考古学文化区系类型问题，是因为"从建国初十几年间起，大家共同关心和摸索新中国考古学的发展方向，思考怎样实现学科的马克思主义化。长期的实践使我们认识到……结论只有一个：走自己的路。什么是自己的路呢？历史文化传统给了我们启发，现实状况给了我们启发，半个多世纪以来的田野考古给了我们启发，集中到一点：我们的中华民族、我们的中华国家，

原有她自己的特色，自成一系。半个多世纪的田野考古实践，
使我们从比较模糊的意识到比较清晰、比较深刻的认识，这就
是：田野考古工作、资料、研究的结果，终于可以概括为一
点——它能够通过本学科的方法、手段、资料的积累和研究的
深入，对上述这三大课题的系统性、阶段性和多样性，取得较
胜于其他邻近学科的、更为丰富、正确（接近史实）的成果。
因此，我们不妨说，80年代初正式提出考古学文化区系类型问
题，正是反映了这个学科发展的阶段性变化的转折点。说它是
转折点，是因为一方面意味着我们要对过去半个多世纪考古工
作进行大量的总结性研究，另一方面我们总结的目的正是为了
达到我们学科理想目标的必不可少的准备或基础工作，即真正
从理论上对中华文化、中华民族、中华国家这三个课题做出自
己的贡献。不过，当时考古学区系类型问题是作为学科目标、
一种学术思想、一种方法论提出的，而未涉及工作重点问题，
也就是说，课题明确了，还有如何落实的问题。'古文化古城
古国'这个概念或课题的提出，正是为了解决这个问题"。

　　苏秉琦先生指出："一句话，1975年谈古城古国是从文物
保护角度讲的，80年代初提出考古学文化区系类型是总结过
去，是从学科建设目标出发的。现在我们再往前走一步，把古
文化古城古国联系起来，解决当前考古工作如何抓重点的问
题。换句话说，这个提法是把考古学区系类型的理论转化为实
践的中心环节"。在这里，"古文化是指原始文化。古城指城乡
最初分化意义上的城和镇，而不必专指特定含义的城市。古国
指高于部落之上的、稳定的政治实体。三者应从逻辑的、历史
的、发展的关系理解，它们联系起来的新概念是：与社会分
工、社会关系分化相应的、区别于一般村落的遗址墓地在原始

社会后期、距今四五千年间或五千年前的若干地点已找到了线索……现在提出把'古文化古城古国'作为当前考古工作的重点与大课题，目的是把原始文化（或史前文化）和中国古城古国联系起来的那一部分加以突出，这将会有利于本学科比较顺利的发展"。龙山文化就属于这一部分的史前文化，它在本阶段成为海岱史前文化研究的重点，同"古文化古城古国"理论的提出有着密切关系。

3.课题意识的强调

1986 年 3 月，苏秉琦在昆明召开的全国文物普查、考古发掘汇报会上以"课题"为题发表讲话，指出"课题"问题是当前考古发掘中"最重要、最具普遍意义的问题"。他说："考古是科学。'课题'是一切科学宫殿的门户。没有课题，当然不得其门而入。所以，'课题'对任何一门学科的研究都是至关重要的。'课题'的选择尤其是至关重要的，它直接关系到我们工作的成绩、优劣、快慢。"他认为在文物普查调查、配合发掘、主动发掘三大类考古工作中，不论哪一个都存在首先要明确每项工作的目的性——课题。而考古课题的选择必须贯彻"实践与理论结合、学科发展与社会目的（实现'四化'、两个'文明'建设）结合"[5]。80 年代，他在《山东史前考古》[6]、写给山东省文物局负责人的信[7]、《现阶段烟台考古》[8]、《环渤海考古的理论与实践（提纲)》[9]、《环渤海考古与青州考古》[10]等一系列文章、书信和讲话中，对山东考古课题提出了看法，对山东考古工作的开展和课题意识的增强，起到了巨大的促进作用。

4."龙山时代"的提出

紧接着考古学文化区系类型问题的正式发表，1981 年严文明在《文物》第 6 期发表了《龙山文化与龙山时代》一文。
他在回顾了对龙山文化认识的发展变化过程以后，指出 50 年
代以来，"有关遗址发现越来越多，龙山文化的范围也越划越
大，又因观点不同而产生了不同的划法……现在人们所说的龙
山文化，实际上是个非常庞杂的复合体，其中包含着许多具有
自己的特征、文化传统和分布领域的考古文化，这差不多已成
为许多人的共同认识"。他在对后岗二期文化、造律台类型、
王湾三期文化、客省庄二期文化、桂花树三期文化等的特征、
源流与年代以及同龙山文化的联系与区别作了概括分析以后，
强调了海岱地区以外的这些曾被称为龙山文化的考古文化，都
不是龙山文化，必须按照实际情况区分为不同的考古文化，给
予适当的名称。

　　严文明同时强调，这些文化的年代基本一致，互相有联
系，又都曾被称为龙山文化，例如良渚文化以及和龙山文化有
间接联系的齐家文化年代的大部分，也都和龙山文化同时。因
此，绝不能对它们的共同特征和相互联系有任何忽视，主张
"应有一个共同的名称，并且建议称之为龙山时代"。他依据一
批碳十四测年数据，把龙山时代的年代大体定为公元前 26～
前 21 世纪，认为相当于古史传说的唐尧虞舜时代。进而列举
了龙山时代一系列的重大发明与成就。

　　自 50 年代末良渚文化从泛龙山文化中分离、黄河流域的
龙山文化被分为四个类型以后，尽管一些学者已认为海岱地区
以外的龙山文化不是龙山文化，但直到 70 年代中期才证实龙
山文化源于大汶口文化，到 70 年代末才提出岳石类型可能是
其后续文化，所以此前的十余年龙山文化的区系问题并不很清
楚。考古学文化区系类型观点提出后，《龙山文化与龙山时代》

一文又从文化区系的角度对泛龙山文化作了比较全面的清理，此后已不再有人把龙山文化和其他文化相混同，陕西龙山文化、湖北龙山文化等名称也很快消失。而"龙山时代"的提出，其意义在于依据考古资料提出了夏代以前的一个历史时代，把中国古史向前推了一个阶段，有利于探讨原始社会的瓦解、文明的产生和中华统一多民族国家的形成过程等重大课题，所以提出后即被考古界广泛接受。但龙山时代不等于泛龙山文化，不是泛龙山文化的代名词。龙山时代提出后，其年代也几经变化，目前一般以中原龙山文化的开始为准，把公元前3000～前2000年约千年左右阶段定为龙山时代，大致同五帝时代相当。除中原地区是原先的泛龙山文化以外，各地并不限于泛龙山文化或其同期文化，因此使用龙山时代概念时，应准确表述，防止混乱。

（二）田野工作方法的改进

20世纪80年代以后，田野工作方法进一步改进，采用了新的布方编号方法，把大遗址勘探方法引用到了龙山文化考古。

1. 考古领队培训班的举办

80年代早期，国家文物局出台了"考古发掘项目申报制度"、"田野考古操作规程"，实施田野考古领队负责制。与之相适应的是，1984年国家文物局在山东兖州建立考古领队培训班，由山东省文物考古研究所协助，分期开展领队培训工作。聘任黄景略、俞伟超、张忠培、严文明、张学海、叶学明、郑笑梅、孔哲生、吴汝祚等10人为考核委员，组成考核委员会，黄景略任主任委员（自第四期开始各期都有特聘委员参加考核）。培训对象限于省市自治区（包括有发掘团体资格的地市）考古机构大学本科毕业、从事考古工作三年以上的田野考古人员，后来又扩大到大学考古专业教师，学员从事考古工作的年限提高到五年以上。培训内容包括发掘、资料整理、编写报告和答辩几个环节，着重于层位学与类型学技能的训练。最后由考核委员会综合发掘、报告和答辩的成绩，评出优、良、及格、不及格四等，及格以上者取得领队资格，由国家文物局颁发领队证书。学员成绩一律通知本单位。自 1984 年秋开始到 1995 年止，连续举办了九期，每期学员一般二十余名，最多时达三十余名。一、二期培训时间三四个月，一气呵成。自第三期开始每期改为六个月，分两段跨年度进行，头年秋冬完成发掘，翌年春夏整理、写出报告，进行答辩。前六期培训基地设在兖州唐旺，发掘了兖州西吴寺龙山文化遗址、泗水天齐庙遗址和兖州六里井遗址；第七至九期基地转移到郑州西山，发掘了西山仰韶文化遗址，发现了版筑的西山仰韶文化城。

培训伊始，考核委员会分析了当时的考古发掘状况，认为存在只注意年代分期而忽视平面关系的突出缺陷；以四象限或自然地形划分发掘区的方法，貌似科学，实则人为地肢解了遗址，影响对遗址整体的考察；由此势必导致探方、遗迹、墓葬、器物等编号上的冠年、区、探方号与遗迹号，十分繁琐，且多同号，极难阅读与记忆。针对这些问题，对遗址采取了一次性布方，对探方改编座标号。即用第一象限涵盖整个遗址，在平面图上对遗址作一次性全面布方，以坐标号对全部探方进行统一编号，视遗址规模编为两位或四位数的探方号。如此一个遗址的探方只有一个顺序号，而不会出现重号。而且因为是坐标号，从探方号即可得知该探方在遗址的方位及其相邻的探方。"零"点也不必非有永久性标志物，它可以由就近的任何一点的坐标来确定，简便易行。这是为加强整体观念，注重平面关系，使探方与遗存编号更简明，考古报告更易读，而对考古发掘尤其是大面积揭露方法作出的重要改进。它首先从西吴寺龙山文化遗址开始实行，也提高了此后龙山文化遗址的发掘水平。

2. 大遗址勘探方法的运用

自60年代初正式开展燕下都"四有"工作勘探试掘开始，到70年代晚期鲁故城的勘探试掘，已基本形成了一套大遗址勘探方法，成为中国田野考古学的一项基本方法。实践证明历史时期大遗址考古要想有计划、有目的、高效率、高速度地发展，就必须运用大遗址探掘方法首先掌握其总体状况，了解它的基本布局和各类文化遗存的分布情况，不然，就如老虎吃天，无处下嘴，造成人力财力的浪费，难以保证田野工作质量。其实所有遗址发掘皆然，这也恰恰是70年代以前史前遗址考古发掘的一大缺陷。许多发掘事先都不掌握遗址的整体状况，甚至一处遗址经过多次发掘后仍不知准确面积的现象也屡见不鲜。当学科的中心任务主要是解决区系课题时，这种"点"、"面"脱节，局部、整体分离的问题还不显得那么突出；80年代学科进入发展新阶段后，这种现象就很不适应学科新任务的要求。1984年夏，国家文物局考古领队培训班考核委员会分析了这方面的问题，在探方划分和编号上采用了新方法，以加强发掘中的整体观念，但未能强调事前掌握遗址的整体状况及其方法问题。1984年冬山东省文物考古研究所在寿

光边线王的配合发掘，在遗址东北沿发现一段不长的龙山文化
灰沟，未到头，性质不明，即组织了钻探，探出一个不规则的
城垣基槽。当时推测城门口可能不挖基槽，隔断基槽处便应是
城门，结果果然探出了东西北三门。东西门对称，北门居中，
南面已破坏，据三门位置分析应有南门，南北门亦应对称。
1986 年进行了复探，得知原本是内外两个基槽，前次外圈大
部未探出，局部和内圈连成了一个基槽，东西北三门和内圈各
自对应，南面被村子所压。这是龙山文化也是山东史前遗址首
次采用钻探探明了重要遗迹。但这次钻探是在发掘中发现了重
要遗迹现象后才进行的，而且钻探有曲折，给发掘造成了误
导，还不能说是大遗址勘探方法和原理在龙山文化或山东史前
考古的正式运用，但也初步显示了它的积极作用。

　　1989 年 6 月，山东省文物考古研究所对城子崖遗址开始
进行"四有"工作，正式把大遗址勘探方法运用于史前遗址考
古。在城子崖遗址石质保护标志的一角设立坐标总基点，把遗
址全部划分为 100×100 米的正方向探区，以 10 米等距探孔实
施了方格网普探，为时一个多月，探明了文化遗存的分布范
围。翌年春进行重点复探，一开始便在遗址西北沿发现地下的
早期夯土，不到一周便在遗址周围围成了圈，知地下有早期城
垣。经试掘，证明城子崖是三个时期的城址，下层是新发现的
龙山文化城，中层是岳石文化城，即 30 年代初发现的"黑陶
文化期城"，上层是东周城，即以前发现的"灰陶文化期城"。
此次勘探工作充分证明了大遗址勘探方法对史前考古尤其是探
寻史前城的有效性与优越性。1991 年夏山东省文物考古研究
所从城子崖工地派出探工，协助山东大学考古专业对丁公遗址
进行了钻探，为时一周查明了遗存的范围，发现东北边有黄土

堆积，其外有沟，同年秋的第四次发掘对遗址的东面和北面进行了试掘，发现了丁公龙山文化城。此后自 1992 年到 1995 年的四年内，运用大遗址勘探方法和原理，结合地面踏查，发现了田旺、丹土等 11 座龙山文化城，其中包括鲁西地区的两组龙山文化城。

（三）学术活动的开展

本阶段还开展了一些重要的学术活动。自 1986 年苏秉琦提出环渤海考古课题后，1987 年长岛县、烟台市和北京大学考古学系联合在山东长岛召开胶东考古会议，揭开环渤海考古课题研究的序幕。1988 年 5 月，山东省文物考古研究所在临淄召开第一次环渤海考古会议，着重探讨了泰沂山北侧地区的考古文化。1991 年 10 月，山东省有关部门在济南召开"纪念城子崖遗址发掘 60 周年国际学术讨论会"，会议缅怀了先辈考古学家对考古学和历史学做出的重大贡献，初步展示了龙山文化发现 60 年所取得的辉煌成果。1992 年 3 月，国家文物局在临淄召开全国考古所长座谈会，着重研究了如何搞好配合生产建设的考古发掘问题。1993 年 11 月，中国考古学会第九次年会在济南召开，年会的中心课题是中国东方与东南方的考古学文化。这些学术和业务会议，或者专门探讨了龙山文化，或者从海岱文化区系类型与实际工作的角度涉及龙山文化，大大活跃了学术气氛，铸就了学术争鸣的有利环境，对龙山文化考古的发展产生了积极影响。

（四）龙山文化遗址的全面调查

全面掌握现存的龙山文化遗址，了解其分布状况，是龙山文化考古的一大课题，但调查工作的开展比发掘工作明显滞后，到20世纪80年代开始才完全改观。1980年初，鉴于以前的几次普查没有达到理想结果，山东省文物部门再次部署了全省文物普查。1981年文化部文物事业管理局部署了全国文物普查。国家和省两级文化行政部门的部署，使山东的这次文物普查取得了重要成果。这次普查经历了较长的过程，可分为两大阶段。第一阶段自1980年春到1982年春，约两年时间，由各地市自行进行普查，全省累计发现各类不可移动文物共2300多处。此后因种种原因普查工作停顿。1986年国家文物局在昆明召开全国文物普查与考古汇报会，会上国家文物局要求普查比较后进的省份必须加紧完成。会后山东省文物行政部门指定由山东省文物考古研究所主持全省文物普查工作，开始了第二阶段的全省文物普查。省考古所组织了普查领导小组，各地市亦相应建立普查小组，由国家文物局提供经费，于1987年2月到1989年2月整两年的时间，继续开展并基本完成了全省文物普查的野外调查工作，累计发现各类不可移动文物近16000处，其中龙山文化遗址约1200处，初步摸清了全省龙山文化的"家底"，但各地市县的普查工作不够平衡。普查结束后，各地仍陆续发现一些龙山文化遗址，其中包括一些原来没有暴露的遗址。

自1995年12月开始，由山东大学考古系部分教师与美国耶鲁大学、威斯康星大学等校的部分教授、研究生组成的"中

美两城地区考古队"，对鲁东南日照市两城镇及其周围地区进
行了"地理区域系统调查"，即便扣除只采集到陶片而没有文
化堆积者以外，新发现的遗址也比原来所知的有成倍增长[11]。
截至 2000 年底，据不完全统计，山东境内已发现龙山文化遗
址近 1300 处。江苏地区 70 年代末的数字为 23 处，均在徐海
地区，至 2000 年底，增至 28 处，其中 6 处位于废黄河以南的
洪泽湖西北，3 处位于阜宁县西南到东南一带（《江苏考古五
十年》第 94 页，南京出版社 2000 年版）。豫东地区王油坊类
型的遗址约有六七十处[12]。皖北地区 80 年代中期以后发现的
龙山文化遗址累计 41 处[13]，冀南地区未详。总计目前已发现
龙山文化遗址约 1500 处，基本上已勾勒出龙山文化的分布范
围，大体反映了聚落的分布状况，为相关课题研究提供了重要
的资料基础。

（五）发掘工作的全方位开展

本阶段对龙山文化的发掘，无论是发掘遗址的数量、发掘
的规模还是发掘工作的质量，都大大超过了前两个阶段。自
1981 年以来，在山东地区发掘、试掘的遗址有乳山小管村、
长岛大口、山前与北庄，栖霞杨家圈、北城子，诸城西河头，
昌乐邹家庄、后于刘，青州郝家庄、凤凰台，寿光边线王、火
山埠，临淄田旺，临朐西朱封，桓台史家，邹平丁公，章丘乐
盘、刑亭山、宁家埠，五莲丹土，日照尧王城、两城，莒南化
家村，临沂后明坡，沂源姑子坪，泗水尹家城、天齐庙，曲阜
南兴埠，兖州西吴寺、龙湾店，滕州薛故城，枣庄二疏城、建
新，济宁程子崖，茌平南陈庄，阳谷景阳岗、王家庄，菏泽安

邱堌堆等遗址；在河南省有鹿邑栾台，夏邑三黑堌堆等遗址；在安徽省有蒙城尉迟寺，灵璧玉石山，宿县芦城子、小山口，固镇苇塘等遗址；在江苏省有连云港藤花落等遗址，共计 50 余处。其中以杨家圈、北庄、边线王、尹家城、西吴寺、西朱封、城子崖、丁公、景阳岗、栾台、藤花落遗址的发掘最为重要。

1. 杨家圈遗址

位于胶东半岛腹地栖霞县城南 12.5 公里的杨家村村东，东临杨础河，西北依方山，杨家圈占压了遗址的西南大部。1956 年发现，原面积约 10 万平方米，由于村民取土，村庄东扩，仅残存 1 万余平方米，周围聚落稀少，未见龙山文化聚落群。1981 年秋，山东省文物考古研究所和北京大学考古专业联合进行了发掘，共开探方（沟）33 个，发掘总面积 880 平方米。文化堆积厚 1.5～3 米，有四层，一、二层为龙山文化，三、四层为大汶口晚期文化。龙山文化发现灰坑 10 个，有圆形、椭圆形和不规则形。较完整的房址 4 座，平面近方形，均为深基槽、木骨泥墙，槽内木柱密集有序，应为四角攒尖顶。有的基槽深达 2 米多，为史前住房所少见。

龙山文化出土器物有陶、石、骨器。石器多用打、琢、磨制结合制成，许多只经粗磨，精磨者较少。器形有斧、锛、凿、刀、钺、镞、矛等。骨器较多，制作较精致，器形有凿、镞、锥、针、笄、鱼镖、鱼钩等。角、牙、蚌器较少见。

陶器夹砂陶占多数，泥质陶次之，以黑陶灰陶为主，红褐陶次之。绝大多数为素面陶，施纹饰者较少，泥质陶均磨光。常见纹饰为凹凸弦纹、附加堆纹、盲鼻、泥饼、篮纹和刻画纹。器形有鼎、罐、盆、环足盘、圈足盘、筒形杯、三足杯、豆和器盖等。

在杨家圈龙山文化层和灰坑中，还发现碳化粟、稻壳和稻壳印痕。此外还出土了一件残铜条和一些铜渣[14]。

杨家圈揭露的龙山文化遗存约属龙山文化早期，但曾采集到鬶、豆、杯、圈足盆、圈足盘等龙山文化末期陶器[15]，说明该遗址可能包括龙山文化全过程。这是胶东半岛地区史前遗址首次较大规模的发掘，也是半岛地区首例重要的大汶口文化、龙山文化的直接地层关系，两者均具有地方特色，为探讨半岛地区史前文化的序列、特征和分期，提供了重要资料。

2.北庄遗址

位于长岛县大黑山岛东缘北庄村北的山坡上，村庄占压了遗址南部，面积约 27000～28000 平方米。1981 年秋、1982 年秋和 1987 年春北京大学考古系师生会同烟台地区文管会、长岛县博物馆人员进行了发掘，前两次开探方 18 个，发掘面积 500 平方米。文化堆积一般 0.5～1.5 米，分属四种文化，即北庄一期（白石文化邱家庄期）、北庄二期（约当大汶口文化早期）、北庄三期（龙山文化）、北庄四期（岳石文化），此外还有战国墓。主要遗存属北庄一期，其次为北庄二期，龙山、岳石文化仅有一些陶片。尽管有关龙山文化和岳石文化的资料比较贫乏，但明确的层位关系不失为探讨半岛地区龙山文化区系类型课题的重要资料[16]。遗址发掘后被公布为第三批全国重点文物保护单位。

3.边线王遗址

山东省文物保护单位。位于胶莱平原西部寿光县西南孙家集镇边线王村北，村庄占压了遗址南沿，弥河自西流经村南，属寿光西南部、青州北、东部龙山文化聚落群，周围遗址十分

密集，边线王属龙山文化聚落五等级的第四等级，总面积约
10万平方米。主要遗存属龙山文化，另见商、周、汉代遗物，
以前的调查曾发现过大汶口文化，发掘前遗址已因长期取土严
重破坏，龙山文化遗存仅在东北部和西部有小范围的稀薄的残
存。1984年秋至1986年冬，山东省文物考古研究所配合益
（都）羊（口）铁路工程，会同潍坊地区、寿光县文物考古人
员进行了四次发掘，总发掘面积近7000平方米。南部堆积厚
约1米，有两层，上层属东周，下层属龙山文化；北部已无文
化堆积；东南到东北部、西沿中部基本上只见龙山文化，大多
是些灰坑残底，缺乏规整的范围较大的文化层；中部为黄土
台，高约1米左右，下部纯净，上部偶夹西周陶片，龙山遗存
围绕此黄土台周围，发掘中定为生土台（笔者按，当时尚不认
识很纯净的龙山夯土，据城子崖、景阳岗、教场铺等龙山文化
城的夯土特征及此台的位置分析，有可能是夯土台，应再考
查）。清理了一些龙山文化灰坑底，发现了两个龙山文化城垣
基槽，出土了大量陶片。

两圈城垣基槽的平面内外相套。内圈居外圈之中稍偏东
南，平面近圆角方形，边长约100米，面积约1万平方米，
东、西、北三面各一门，南面基槽已因挖土破坏，应有南门。
门道宽约10米，当时的地面已不存，仅剩生土隔断基槽，可
知门为预先规划。外圈基槽亦为不规整的圆角方形，方向约北
偏东10度，边长240余米，面积约5.7万平方米，有东西北
门各与内圈城门对应，同样仅见门道生土隔断基槽，宽度与内
圈相同；南面被村子所压，应有南门。

基槽斜壁尖底形，残口一般7~8米，最宽处10米；槽深
4米左右，最深达6米。基槽壁有不规整的台阶，有的作斜坡

状，或供上下和倒土。槽内夯土按文化堆积逐层夯筑，夯层5～15厘米不等，基本上能清楚分层，局部也不易分层，有的夯层面见细沙。夯痕有圆形和椭圆形两种，较浅，夯具似为卵石与木棍。夯土中发现完整的人、猪、狗等骨架，夹杂大量陶片，有些能复原。地面以上城垣已无存，结构不得详。内外圈城垣基槽所出陶片有早晚，外圈基槽出有鸟首形与侧三角形鼎足、高直流鬶等器物，年代当属龙山文化后期早段；内圈基槽所出陶片约当龙山文化前期晚段，两者前后大体衔接，同时外城东南隅发现有和外圈基槽大致同时的灰坑叠压、打破内圈基槽的层位关系，证明内外圈基槽不是同一城的内外城，而是同一城的早晚阶段，先有小城（内圈基槽），后来加以扩大（外圈基槽），扩大后小城即废弃[17]。尽管此城只残存了城垣基槽，但这是山东地区龙山文化城零的突破。

4．尹家城遗址

作为山东大学考古专业的实习基地，继70年代的两次小型发掘以后，本阶段又于1981年秋、1985年秋、1986年春夏进行了三次发掘，共开探方75个，发掘面积共计1860平方米。五次累计开方87个，探沟一条，发掘总面积2020平方米，除了遗址边缘部分，中心区基本上全部进行了揭露。文化遗存有大汶口文化（仅发现一座中期墓）、龙山文化、岳石文化、二里岗上层商文化和汉代文化，以龙山文化与岳石文化遗存为主，两者都经历了发展全过程。

龙山文化发现灰坑200多个，房址20座，墓葬65座。灰坑有圆形、椭圆形、方形、长方形和不规则形，按坑壁论可分袋状、筒状和锅底状，以圆筒状占多数。房址有半地穴式和地面建筑两大类，平面均作方形或长方形。半地穴式皆浅穴，一般面积 10 平方米左右，四壁经烘烤，门道设于西南角，呈坡状或斜坡状，房内有灶，灶面中心稍凹，房内多有数目不等的陶石器等物，有的还有人骨，身首异处，以儿童为多。地面建筑有单间与双间两种，面积约 10～42 平方米，墙挖有基槽，木骨泥墙，槽内柱洞密集，拐角柱洞一般较大较深。房内地面用纯黄土铺垫夯实，或涂抹一薄层白灰面（图一八）。

清理的 65 座墓皆长方竖穴土圹墓，其中 30 座有棺或一椁一棺，有一座系两椁一棺。多属单人一次葬，二次葬极少，仰身直肢，头向东，方向在 80°～115°之间，但有两座头朝正南。

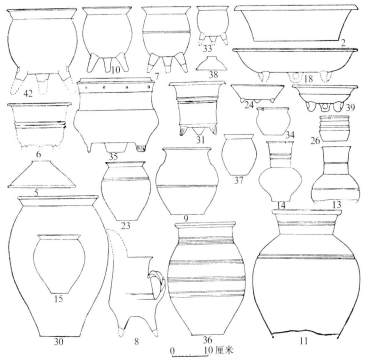

图一八　尹家城 F205 主要陶器图

有些墓主存在枕骨人工变形和拔除门齿习俗，近 1/5 手握獐牙。有随葬品的墓占 60%，最多的一墓 40 余件，最少的仅一件，大墓均有幼猪下颌骨。

出土了大量龙山文化石骨蚌器和陶器。石器器形有斧、锛、凿、铲、镰、刀、钺、镞、矛、杵、磨棒、石球、纺轮等。另出土几件玉器、细石器和一件圆雕石猪。骨器有镞、矛、凿、鱼镖、锥、针、笄、钻、匕等，以镞、锥、笄占绝大多数。

出土陶器 1300 余件，以灰、黑陶占绝大多数，有少量褐、白、红、黄陶。普遍使用快轮制作。器表以素面与磨光为主，部分器施陶衣。常见纹饰有凹凸弦纹、篮纹、方格纹、堆纹、绳纹、竹节纹、波纹、锥刺纹、镂孔、圆圈纹、三角纹、云雷纹、泥瓶等。器形纷繁，主要有鼎、鬶、甗、鬲、罐、瓮、盆、壶、匜、钵、豆、圈足盘、盒、杯、碗、筸子器座与器盖等。

尹家城发掘报告分龙山文化遗存为四期六段，年代约从公元前 2600~前 2000 年，包括龙山文化全过程。这是新中国建立以来发掘规模最大的龙山文化遗址之一，而且龙山文化与岳石文化具有直接叠压的层位关系，两者的不少文化因素具有传承关系，从而为探讨鲁中南地区龙山文化的特征、年代分期、类型和发展去向等提供了一批极其珍贵的资料[18]。

5. 西吴寺遗址

山东省文物保护单位。位于鲁中南地区兖州市极西北部小孟乡西吴寺村东，处于鲁西冲积平原的东缘，属兖州西北半部、济宁北部龙山文化聚落群，是该群的中心聚落。原面积 25 万平方米，因烧砖取土和村民用土，发掘前残存约 10 万平方米。遗址高出周围平地 1.5~2 米，周围地形开阔平坦，南面 0.5 公里处有古河道，传为赵王河。1957 年发现，国家考古机构和省地县文物部门曾多次调查，1983 年山东省文物考古研究所作过小规模试掘。1984 年 9 月至 1985 年 11 月，文化部文物局考古领队培训班进行了三次发掘，共开探方 138 个，发掘面积 3250 平方米。发掘采用了更加科学的布方和探方、遗迹编号新方法。文化堆积主要属龙山文化与周代文化，此外还发现零星岳石文化遗迹与器物。

遗址的龙山文化受到周代文化与七八十年代人为的破坏，堆积稀薄。共清理房址 3 座，灰坑 314 个，井 3 口，零星墓葬 9 座，未发现墓地。出土器物 1000 余件，绝大多数是陶器，完整与复原的共 880 件，仅有少量石、骨、角、牙、蚌器。

三座房址均残损，属半地穴式与地面建筑，平面方形和长方形。灰坑有圆形、椭圆形、方形、长方形和不规则形。三口井井口作圆形与长方形，口大底小，有的井壁自中部开始内收，或穿有壁洞，井深 4.3~5.1 米，井底遗留不少带耳罐与无耳罐等汲水器（图一九）。

近千件完整和复原的陶器，以灰、褐陶为主，黑陶次之，红陶基本上只见于陶鬶，表面多施白衣，白陶极少见。器表以素面与磨光者为主，所见纹饰有凹凸弦纹、刻画纹、竹节纹、堆纹、按压纹、篮纹、方格纹、绳纹、窝纹、镂孔等，较为流行泥饼、盲鼻、鸡冠耳装饰，器底多见布纹。器形有鼎、鬶、甗、甑、罐、盆、匜、盘、单耳杯、觯形杯、蛋壳陶高柄杯、豆、尊、壶、碗、钵、觚、器盖、纺轮、镞、拍子、网坠、陶环和弹丸等[19]。

发掘报告分龙山文化遗存为三期五段，一二期属龙山文化

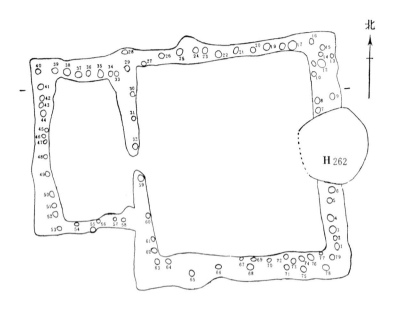

图一九　尹家城遗址地面房子 F110 平、剖面图

1～79.柱洞

前期，第三期属后期早段。丰富的陶器和九组打破、叠压关系，可同尹家城资料相互参证，基本解决鲁中南地区龙山文化的基本特征和建立细致的年代分期。

6.西朱封遗址

山东省文物保护单位。位于沂山北麓临朐县城南 5 公里西朱封村南，遗址高出周围地面 2～3 米，俗称"银子崖"，弥河自西南流经遗址东面，原面积较大，发掘时残存54000平方米，文化堆积2~4米，东部与西南部为墓区，已因平整土地与挖土遭严重破坏。1987年山东省文物考古研究所人员在该县普查，发现该遗址西南部北断崖暴露两座龙山文化墓葬，东西相隔20余米，西墓暴露较多，东墓刚露一角，即于5月对西墓作了清理。发现罕见的龙山文化重椁一棺墓，且有边箱、脚箱，共出器物54件，包括蛋壳陶高柄杯6件、陶鬶5件，器物主要放在脚箱内，但有4件白陶鬶分三层埋于棺椁上面的填土中。这是出土蛋壳陶、陶鬶最多，唯一有重椁、边箱、脚箱的最高规格的龙山文化大墓首次面世[20]（图二〇、二一、二二）。时值麦收前夕，麦子茂盛，因此未对东墓进行清理。1988年中国社会科学院考古研究所山东队拟将工作重点转向探讨文明起源，需选一典型遗址，征求山东省文物考古研究所的意见，省所推荐了西朱封村遗址。1989年冬该队清理了东墓和一座未暴露的龙山文化墓，出土了一批精美的玉器，包括一件镂空兽面纹镶嵌绿松石的极其精致的大型玉冠饰，还有玉钺、玉环与一件大型玉笄。这是首次发现龙山文化高级玉器大墓[21]。以前村民在大墓以南曾挖出窄长方多孔大型玉刀，说明已被基本挖掉的遗址西南部为龙山大墓区，临河的东部则是小墓区。西朱封村处于和遗址同一高地的北部，至少部分占压了遗址。就遗址现有规模而言，属于五个等级的第四等级，实际上应是第三等级的聚落址，却存在被视为"王墓"的龙山大墓，这对认识龙山文化聚落性质与社会性质提供了重要的新资料（图二三、二四）。

7. 城子崖遗址

自30年初发现了"黑陶文化期城"以来，考古界对城子

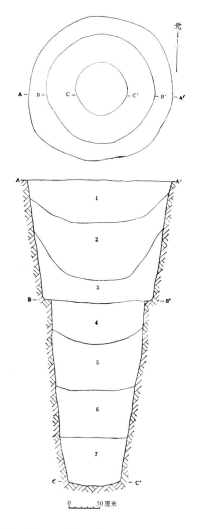

图二〇　西吴寺遗址 J10 平、剖面图
1.灰褐土　2.灰色杂土　3.灰黑色土　4.浅黄色土　5.灰褐土
6.灰绿色土　7.深灰绿色土

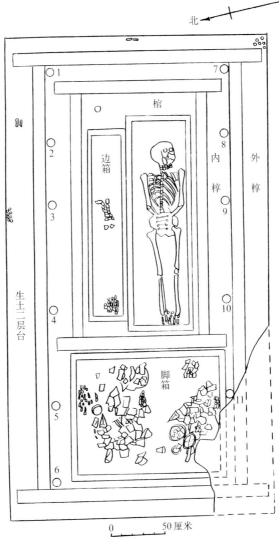

图二一　西朱封遗址 M1 平面图

1～11. 木桩痕迹

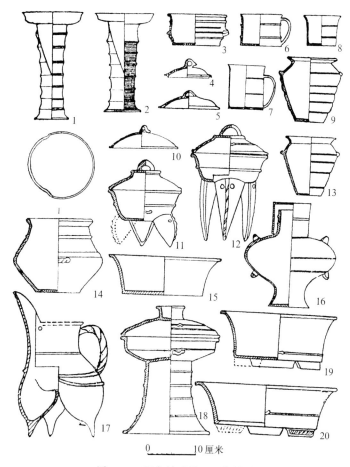

图二二　西朱封遗址 M1 陶器图

1、2.蛋壳陶杯（M1:15、50）　3.小盆（M1:28）　4、5.器盖（M1:25、M1:
37）　6、7.单把杯（M1:16、17）　8.杯（M1:45）　9.罐（M1:23）　10.
器盖（M1:36）　11.Ⅱ式鼎（M1:22）　12.Ⅰ式鼎（M1:20）　13.罐（M1:
24）　14.壶（M1:44）　15.平底盆（M1:26）　16.罍（M1:43）　17.鬶
（M1:33）　18.盖豆（M1:19）　19.Ⅱ式三足盆（M1:32）　20.Ⅰ式三足盆
（M1:29）

图二三 西朱封遗址 M202 平、剖面图

1、2.玉头（冠）饰 3.玉簪 4、5、9、10.绿松石饰 6.玉刀 7、8.玉钺
11.绿松石片 12、26.鳄鱼骨板 13、15、22、25.蛋壳陶杯 14、20、40.陶
罐 16、18、19、21.陶单耳杯 23.骨匕 24.砺石 27、28.骨镞 29.牙质
片饰 30～35.石镞 36、37.陶器盖 17、38、47.陶罍 39.陶鼎 41、42.
陶盆 43～46.陶鬶

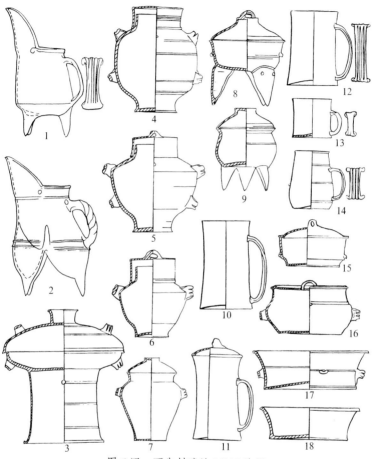

图二四   西朱封遗址 M203 陶器

1.鬶（M203:34）   2.鬶（M203:33）   3.豆（M203:37）   4.罍（M203:50）
5.罍（M203:32）   6.罍（M203:26）   7.罐（M203:42）   8.鼎（M203:45）
9.鼎（M203:47）   10.杯（M203:30）   11.杯（M203:41）12.杯（M203:31）
13.杯（M203:51）   14.杯（M203:24）   15.盒（M203:44）   16.盂（M203:
27）   17.盆（M203:28）   18.盆（M203:38）（1~3、16、17 为 1/6，余为
1/4）

崖是否龙山文化城址大都持怀疑态度。七八十年代河南地区先后发现王城岗、平粮台、郝家台龙山时代的城，山东也在1984 年发现了边线王龙山文化城，城子崖究竟是否龙山城成为突出问题。80 年代初岳石文化的确立，人们发现《城子崖》报告发表的黑陶文化器物中有岳石文化器物，又提出了城子崖是否包括岳石文化遗存的问题。同时自 1961 年公布为全国重点文物保护单位以后，城子崖遗址除树立保护标志以外，一直未进行深入的"四有"工作。作为"四有"工作的关键环节有保护范围，则需对遗址进行系统勘探，全面掌握地下文化遗存的状况后来划定。1989 年山东省文物考古研究所报请国家文物局批准，于同年六七月对城子崖遗址开展"四有"勘探工作，初步查明了文化遗存的分布范围。1990 年春对边沿地带进行了复探，首先在西北角晚期城垣的西端地下发现了早期夯土，并迅速探明早期夯土围绕遗址周围，确定是早期城垣遗迹。此城垣的东南西三面较直，北面则弯曲向北突出，有南北门，中间有道路连接，但不知城的年代。随即在西北角进行了试掘，证明此处的早期城垣属龙山文化，此处地面上所见的保存最高的版筑城垣是岳石文化城，压于龙山堆筑城垣的内沿之上。岳石城垣内壁又紧贴有东周城垣的墙基，其墙身已不存。龙山、岳石城垣都非一次所筑。此处的地层堆积同样是龙山、岳石、春秋遗存依次叠压。随后对北垣的西段、中段和东段以及东垣南段、南垣西段进行了解剖，都存在龙山、岳石、东周城垣遗迹和西北城角大致相同的层位关系。总体而言，以岳石城垣遗迹保存较多，龙山、东周城垣在有的探沟仅见少许残迹。1991 年夏在西南部找出 1931 年发掘的 C1～C4 探沟（自南而北为 C4、C1、C2、C3，《城子崖》发表了 C4 探沟的城垣

断面),重新挖出 C4 探沟和 C1 探沟的一部分,同时在其西侧
1 米开了一条 50 米长的探沟纵断城垣,保留了探沟中部今断
崖里面的岳石城垣,全部清理了其南北两侧的地层,以作比
较。证明 1931 年的 C4 探沟南端只挖到此处的晚期岳石城垣
内侧的一小部分,并只下挖了 20 余厘米到半米许,没有向下
向南发掘。可能是因为好些探沟都已发现城垣,发掘者认为没
有必要继续发掘城垣,即行停止,因而当时并没有挖到龙山城
垣[22]。此处的龙山城垣遗迹在 C4 探沟以南的崖头下和断崖以
外,深一二米,而且堆筑的夯土和岳石城垣的版筑夯土区别其
大,以当时的田野考古水平,即便挖到了龙山城垣也不可能辨
认,实际上当时有的探沟可能确实挖到了龙山城垣。C4 探沟
所代表的岳石文化城垣,当时被定为"黑陶文化期城",即龙
山文化城。此岳石城垣修筑时先挖基槽,在槽内筑城垣,墙基
与基槽内壁留有一二米不等的空间,用以横支撑或斜支撑夹
板,支棍的一端即支于基槽壁上。边筑边在空间内逐层填土,
并经轻微打夯。当时发掘者未能辨认基槽,但注意到基槽空间
内分层的堆积,把它解析为人们在墙根倒的垃圾,并把它摊
匀。同时因岳石城垣下压龙山文化堆积,因而发掘者得出结
论,认为黑陶文化期人们在城子崖居住了许久,然后修筑了
城,城使用了许久才废弃,后来灰陶文化期的人们又重新修筑
了城。把岳石文化城说成龙山城,在当时并没有错,因为岳石
文化长期被包含在龙山文化之内,直至 80 年代初才从龙文化
中区分出来。当然,怀疑此城是龙山文化城的学者也没有错,
因为它毕竟不是龙山文化城。

1991 年春,还对南门进行试掘。门大致居南垣之中,基
本上被山城村小学所压,仅西沿在小学西院墙外。因试掘面积

小，1991 年春秋的两次试掘都不得头绪，至 1992 年春的第三
次发掘才了解其大概。其结构系贴着外城根向南夯筑了 10 余
米长的缓坡状夯土，在小学院墙外的夯土西沿发现南北向的残
墙，墙西为夯土坡西沿，沿呈陡坡状，沿西为城壕；墙东有房
子遗迹，无法完全揭露，推测应属门卫之类建筑。夯土坡东边
应有对应建筑，中间应为门道，均压在小学教室之下。在教室
北墙外和门道对应部分的城垣已被全部挖掉，在北断崖上显示
龙山文化、岳石文化的多层路土，各层路土宽 1～3 米，均为
土路，上下位置颇不对应，各层路土东西摆动总范围达 30 米
左右，应为城门道内的道路。据道路摆动范围可知夯土坡宽度
在 30 米左右，门道宽和路面状况均未详。

　　通过对城子崖遗址的勘探试掘，获得了突破性的成果，查
明城子崖遗址是三座城址堆积，发现了城子崖龙山文化城，确
认 30 年代初发现的"黑陶文化期城"与"灰陶文化期城"是
岳石文化城和春秋城，前两城在地层上直接叠压，后两城之间
有间歇层，从而对 60 年代以来对城子崖提出的两大问题，即
"黑陶文化期城"是否龙山文化城和城子崖遗址是否包含岳石
文化堆积，作出了肯定的回答。

　　城子崖龙山文化城的平面，除北面中部向外呈弧形突出
外，其他三面作圆角方形，东西 455 米，南北最长 540 米，面
积 20 万平方米（以始建城垣外沿计）。城内几乎到处都有堆
积，中部约有 1 万平方米的淤土，似为池塘或经常积水；北部
外突部分一般堆积较浅，黄土较高出现，疑有大型建筑基址，
但城内均未作试掘，未知其详。城有南北门，有道路自南门向
北达于中部"池塘"南沿东段，东折沿"池塘"东沿北抵北
门。门不建于城垣处，而在城垣外侧夯筑缓坡形门道，两侧有

门卫建筑。门道处城垣断口宽约 10 米，估计门道宽度应相仿。东西两面未探出城门，城西临巨野河河崖，东面地下亦探出古河道，估计此城没有东西门（图二五）。

城垣由堆筑、版筑结合筑成。始筑的城垣或依河崖或在平地上修筑。依河沿修筑时先修整断崖，然后贴着断崖在地面上

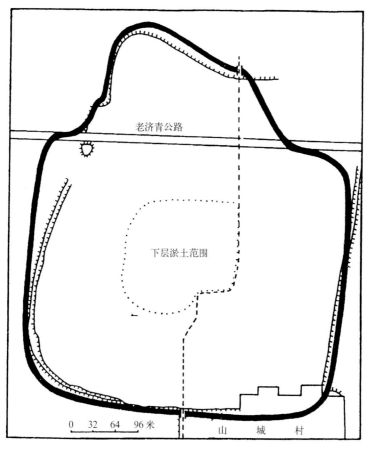

老济青公路

下层淤土范围

0　32　64　96 米

山　城　村

图二五　城子崖龙山文化城址探测平面图

堆筑，而后在外侧版筑形成外壁相当陡直的城垣，北垣东段的探沟最为典型。在平地修筑时则先在一定位置取土与挖沟相结合，将挖出来的土在沟里地面上堆筑成弧顶两面坡形的墙基，继续在沟内取土，在墙基上向上堆筑，最后可能如前述贴着土沟内壁自沟底向上版筑成陡直的城垣外壁。南垣西段和北垣中段均系在平地筑成，前者比较典型地反映了这一做法，但基本上只保存了城基部分。城筑成之后，取土沟就成了城濠，城基外壁就是城濠内壁，不仅使城垣外壁比较陡直，也大大加高了外壁的高度。堆筑城垣的夯土层内部向内倾斜，外部向外倾斜，厚薄不均，不成大层，一片片互相交错，每层厚不过数厘米，在达到 20～30 厘米厚时都经较强夯打，因而大夯层夯面坚硬，从平剖面都易于辨认，但其中包含的许多小层则不易区分，这些小层应是边倒土摊匀边夯实的，夯打较轻。夯具应是卵石、石块和木棍。版筑城垣的夯土层比较规整均匀，夯层薄，厚四五厘米左右，夯痕圆形弧底，夯具应为单棍夯和棍数较少的束棍夯。城筑成以后，曾多次依外壁或内壁进行了修筑，故城垣不断加厚增高。

城子崖龙山城是一种台城，即台形的城。其基本特征是城内城外地平面不一致，内高外低；城垣内外侧高度不一，外观高墙耸立，内看如土岭围绕四周，内侧城垣成小缓坡形。保存较完整的北垣东段的始筑城垣，外侧高约 7 米以上（未挖到底），小缓坡形的内壁水平长 4 米，城顶到壁根的水平高仅 2.5 米，城基宽约 14 米，城顶宽 7 米。由于城内地平面高于城外，所以不能采用城垣断口式的城门，而在城垣断口外夯筑了缓坡形门道，两侧设门卫建筑。（城子崖遗址探掘资料尚未发表）

城子崖龙山文化城的发现和岳石文化城的确认，是龙山文化考古的重大突破。其形制、城垣建筑方法、夯土特征等和首先发现的边线王龙山城不同，堆筑的城垣夯土更难辨认，为寻找龙山文化城和更早的史前城提供了重要经验。同时大遗址勘探试掘方法的运用，证明了其对史前考古的有效性，尤其是对探寻史前城址的优越性。以城子崖勘探试掘、龙山文化城的发现为契机，此后山东地区龙山文化城不断面世，并取得大汶口文化城零的突破。

8．丁公遗址

山东省文物保护单位。位于泰沂山北侧西段邹平县东部的苑城乡西南，西有孝妇河，地处近山平原，属于孝妇河中游聚落群。遗址原为高出周围平地 5 米以上的台形遗址，因不断取土、平整，至 20 世纪 80 年代中期仅西北角有较高的保留，其余部分都已夷平。1985 年秋，山东大学历史系考古专业师生在西北角最高处进行了试掘，此处堆积厚四五米，分属龙山文化、岳石文化和商周时期。此时，山东大学考古专业在尹家城遗址的教学实习基地已基本发掘完毕，需另选实习基地，文物部门决定以丁公遗址作为山东大学考古实习新基地，以了解鲁东与鲁西龙山文化的分界等问题。自 1985～1995 年，该校共进行了六次发掘，发掘面积累计 2000 余平方米。1991 年夏进行了钻探，探明文化遗存的范围，发现北边有黄土堆积，周围有沟，同年秋进行了第四次发掘，并在东、北缘作了试掘，发现山东第三座龙山文化城。城平面呈圆角方形，南北约 360 米，东西约 330 米，面积约 11 万平方米。1992 年初在洗刷这次发掘出土的陶片时，在一片龙山文化灰陶片上发现刻有 11 字（或认为 12 字）的陶文。1992 年秋进行第五次发掘，在东

垣北段以内 20 余米处发现一段龙山早期城垣残基，可能说明
该城东面有过扩大。1996 年第六次发掘，在北垣中部发现了
木构排水口。丁公城属龙山台城类型，年代从龙山文化早期到
晚期。

丁公所获龙山文化遗迹有房址、井、陶窑、灰坑、沟、路
面以及墓葬。房址有半地穴式和地面建筑两种，前者多属早
期，一般面积较小，后者以晚期为多，一般面积较大。陶窑分
横穴窑和竖穴窑两类，由窑室、火道、火膛、工作面等部分组
成。水井圆筒形，口径较大，深 4 米以上。清理零星墓葬 60
余座，多为小型墓，单人葬，有个别二次葬，绝大多数头向
东，多数有少量随葬品，有的手握獐牙。出土各类器物数千
件，包括陶、石、骨、角、牙、蚌器，并有卜骨。发掘者初步
分丁公龙山文化为五期，大致包含龙山文化的全过程[23]。对
建立鲁北地区龙山文化的分期标尺，把握城子崖类型的文化特
征和研究龙山文化城等，具有重要意义。

9. 景阳岗遗址

位于鲁西阳谷县东南境张秋镇以北的东沙村周围，村子占
压了遗址中部的一部分，村西有高出平地五六米的土岗，东北
至西南走向，长达半公里以上，遮挡着村子的西北面，此即俗
传武松打虎的"景阳岗"。70 年代农田建设，挖土填沟，土岗
基本上被夷平，仅在西南部的武松庙基保存了 1000 余平方米
的地面台址。遗址处于泰山西支山麓和鲁西冲积平原的结合
部，东临赵牛河的一条支流，南距黄河 4 公里。1992 年夏，
山东省文物考古研究所有关人员考察此遗址时，意识到可能是
座龙山文化城址。1994 年 11 月，聊城市文化局文研室在配合
该县的景阳岗公园建设工程的钻探中，探出地下有完整的龙山

城垣墙基。城的面积约 38 万平方米，平面呈圆角扁长方形，中部稍大于两头，东北至西南走向（图二六）。接着山东省文物考古研究所人员在对城垣进行验证时，发现武松庙基所保存的景阳岗台址，实为龙山文化的夯筑台址，其东断面可见四层当时的台面；在武松庙西南数十米处因取土留下的数米高的"土笋"的南面，有六层活动面，最上两层属晚期，其下四层均属龙山文化，最下层活动面下压有龙山文化堆积，钻探一米多不到底。"土笋"本是武松庙所处台址的西南缘，七八十年代台址地面部分被夷平才使两者分离，地下仍成整体，武松庙的四层台面和"土笋"的四层活动面正相呼应（今"土笋"已

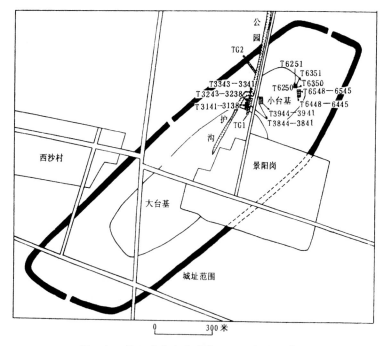

图二六　景阳岗龙山文化城平面及探方分布图

不复存，故记于此）。1994 年 12 月，山东省文物考古研究所对
"景阳岗"台址进行了钻探，探明台址规模极大，包含大小两
台。大台居西南，面积约 9 万平方米；小台居东北，面积约
8000 平方米，两台紧邻。1995 年秋、1996 年春，山东省文物考
古研究所对大小台址之间和城垣西北角进行了试掘与解剖，共
开探方 34 个、探沟 2 条，发掘面积约 1200 平方米。发现大小台
址同时修建，由堆筑、版筑结合筑成，已揭露的小台西南部是
由北向南经多次扩建的。小台的西南面成台阶形，挖至 2 米多
到潜水层，其下不详。小台台阶上有不少灰坑，分布与形状均
无规律。这次发掘共发现灰坑 100 多个，绝大部分属龙山文化，
有圆筒形、椭圆形和不规则形。灰沟 18 条。出土大批陶器和 70
余件石、骨、角、蚌器。龙山文化陶器以灰陶最多，黑陶次之，
红、褐陶较少，白陶仅见个别鬶，部分陶器陶色不匀。多泥质
陶，次为夹砂陶，有少部分掺云母末陶。陶器大部分轮制，素
面磨光为主，常见纹饰为篮纹、绳纹、方格纹、堆纹、凹凸弦
纹、瓦棱纹、箆纹、指甲纹。主要器类有罐、鼎、杯、盆、
盒、甗、碗、瓮、壶、圈足盘、器盖、支脚等。简报认为陶器
组合与器物形制和尚庄较为接近，但和城子崖类型、尹家城类
型存在着差异，和后岗二期文化也明显不同，可能代表了龙山
文化一个新的地方类型，年代约当尹家城Ⅳ—Ⅵ段[24]。

　　景阳岗龙山文化城是阳谷、梁山一带的龙山文化聚落群的
中心聚落，是截止到 20 世纪末所发现的龙山文化和黄河流域龙
山时代规模最大的城址。城内大规模台址的发现，是龙山文化
城的重大突破。该城址所处地理位置属于海岱文化与中原文化
的交汇地带，对龙山文化城、龙山文化类型、龙山文化与后岗
二期文化的关系以及文明起源等课题的研究，具有重大意义。

10.鲁西两组龙山文化城的发现

20世纪七八十年代山东省和全国的文物普查,在鲁西地区发现了两个龙山文化聚落群,南北相邻。北群以聊城市茌平县西南部、东阿县中部为中心,有龙山文化遗址32处。南群以阳谷县东南部、菏泽地区梁山、郓城、鄄城县北部和河南台前县为中心,已知龙山文化遗址19处。自1994年11月发现景阳岗龙山城以后,12月下旬,山东省文物考古研究所会同聊城市文化局文研室对其中的8处龙山文化遗址进行重点勘察。采用地面踏查和钻探相结合的方法,发现这两个龙山文化聚落群各自都存在成组的城(图二七)。南组三城,以景阳岗

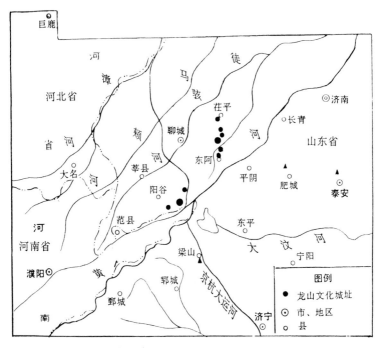

图二七 鲁西两组龙山文化城址分布图

城为中心，另有阳谷王家庄、皇姑冢两座二级城。王家庄城位于景阳岗城东北 10 公里的王家庄村西，平面呈东北至西南的圆角扁长方形，面积约 4 万平方米。皇姑冢城在景阳岗城西南 8 公里的皇姑冢叶街村东，平面呈两端圆尖中部外鼓的梭形，面积 6 万平方米。北组五城，中心城教场铺城位于茌平县西南部教场铺村西北，估计面积约 40 万平方米（笔者按，2000 年 5 月钻探为 16～17 万平方米），城内也有大小两台址东西并立；在教场铺城的南、东南到北面，围绕着东阿王集、茌平大尉、乐平铺北街、尚庄四座二级城（1997 年聊城市文化局文研室又发现东阿前赵城，现为五座）。这些二级城的面积均为 3～4 万平方米，除尚庄城在教场铺城以北约 20 公里，其余 4 座距教场铺城均在 3～9 公里，这是黄河、长江流域仅知的龙山时代的两组成组的城[25]。由于只有景阳岗城作了发掘，其余都未经试掘，考古界尚未形成共识。

11．栾台遗址

位于河南省东部鹿邑县城南约 10 公里的普大庄村西南，其北 500 余米有白沟河，属堌堆遗址，高出周围平地约 5 米，上有栾香寺旧址，俗称"栾台"。1978 年中国社科院考古所河南二队做过调查，1987 年河南省文物研究所进行试掘，发掘时遗址面积约 7000 平方米，发掘面积 460 平方米。文化堆积一般达 7 米以上，最厚处达 8 米多。地层可分 15 层，分属大汶口文化、龙山文化、岳石文化、商文化、西周和东周时期。

龙山文化堆积厚 2～3 米，发现房子、灰坑和井，出土了较丰富的陶器和石、骨、角、蚌器。房址流行长方连间排房式地面建筑，墙用草拌泥堆筑，无基槽，房内地面有烧土面和白灰面两种。灰坑可分圆形、椭圆形和不规则形三类。井呈圆桶形。石器均磨制，有斧、凿、刀、镞等。骨、角、蚌、器较多。陶器以泥质陶为主，夹砂陶次之，灰陶占绝大多数，黑陶与褐陶较少。陶器多素面，常见纹饰为篮纹、绳纹、方格纹和弦纹，主要器形有鼎、鬶、甗、罐、瓮、壶、盆、盘、豆、碗、筒形杯、高柄杯、器盖等。在 T2A⑫层中还出土了一件小铜块。发掘简报分龙山文化遗存为早晚两段，早段和王油坊中层部分遗存相同，基本上承袭了下层的大汶口文化的主要因素，文化内涵有很大成分与东部龙山文化接近；也有后岗二期文化、王湾三期文化的因素，但明显低于前者。晚段与王油坊上层一致，"来自后岗二期文化、王湾三期文化的因素明显增大，占据了主导地位。形成了这期遗存特有的文化面貌"[26]。

12. 藤花落遗址

位于连云港市开发区中云台山和南云台山之间，原遗址高于地面数米，至 20 世纪 90 年代已完全夷平。属赣榆、连云港东北部聚落群，此群系龙山文化东南沿的一个小群体，藤花落遗址又处于该群体的最南边。

自 1988 年至 2000 年 5 月，南京博物院考古研究所进行了三次发掘，并作了较系统的钻探，大致摸清了遗址的范围和文化堆积概况。堆积一般在 1 米左右以内，主要属龙山文化，残存少量岳石文化。发现了龙山文化城、稻作农业遗迹，清理了大批房址、灰坑与灰沟，出土了大宗陶、石、玉器和动植物标本。

城址发现大小（内外）两圈城垣，分属早晚期。小城居内偏西，属早期。平面圆角方形，南北约 207 米，东西 190～200 米，城垣周长 806 米，墙基宽约 14 米，面积约 4 万平方米。城垣主要由条块版筑而成，版块长 1.05～3.8 米，地面城垣基本不存。城基墙体中发现许多成排的密集的木桩，木桩直径多在 20 ~ 26 厘米之间，残长 0.6 ~ 1.2 米不等，间距约60 ~ 70厘米，行距约 40 厘米，按密度估计，包括大城在内使用木桩当以万计。小城四面各一门，城内已发现两条主干道路，一条由南向北折向西北通西门，已知长度 114 米；另一条由西城的夯土基址向东南折向东，穿过东门。小城使用了不很久，即向东、北扩大，主要是东扩，形成晚期的大（外）城。其平面呈东北至西南方向的圆角长方形，东西 435 米，南北325 米，城垣周长 1530 米，面积约 14 万平方米。城垣同小城西、南墙合一的部分采用堆筑，其余新筑的部分尚未解剖，估计结合版筑、堆筑而成。

　　小城主要用于居住，已发现房址 35 座，分三区。偏东南一区南近南门，房子均在地面上起建。偏西南和西城的两区，南北相对，房子均建在各自公共的夯土低台基上，居民地位也许高于东南区。房子有长方单间、长方双间、排房、圆形和"回"字形多种类型，多见带灶房的房子，房墙多为木骨泥墙，墙槽柱洞密集；有的仅见柱洞而无墙槽，发掘者推测可能是干栏式建筑。唯一一座"回"字形房址位于西南夯土台基之中，总面积 100 平方米，内间 31 平方米，和其他房址迥异，应为礼仪性建筑。城扩大后的东城部分经钻探未见文化堆积与建筑遗迹，城的扩大似乎并非因为人口的增殖，是否为了保护耕作区免遭山洪冲刷和淹没，尚待今后工作来确认（图二八）。

　　发现了龙山文化稻田、水沟、水池和水口的成套稻作遗迹以及不少炭化米。通过解剖西南城垣的探沟，表明这里的城壕不是一般的深沟，而是颇宽而不到 1 米深的洼地，其底部堆积似纯净细腻的浅灰色淤泥，所含水稻硅酸体超过现今稻田标

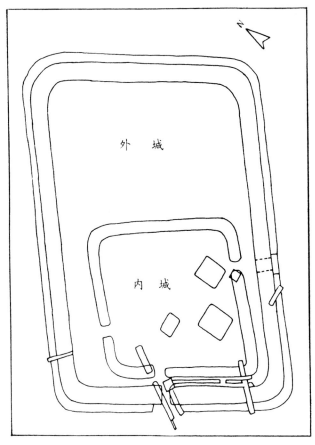

图二八　藤花落龙山文化城平面示意图

准，说明取土筑城时至少局部地扩大取土范围，把取土筑城和
开辟稻田有机地结合在一起。上述稻作遗构，均为龙山文化和
龙山时代首次发现。

　　藤花落出土了大宗陶片、石器和少数玉器。石质工具发
达，器形有斧、锛、刀、凿等，还有石镞，均形式多样，磨制

精细。玉器仅有小件玉锛、玉坠和锥形饰，另有六棱柱状水晶饰。不见蚌器和骨角器。

陶器以黑、灰陶为主，黑陶少于两城类型，灰陶则比两城类型多，但比王油坊类型少。素面陶占大多数，绳纹、篮纹、方格纹各占一定比例，和两城类型不见绳纹、极少见方格纹的情形不同。器形有鼎、鬶、甗、罐、盆、盘、豆、杯、器盖等，鬶、甗包含两城、王油坊类型的器形。以上说明藤花落龙山文化具有这两个类型的因素。

目前发掘者分这里的龙山文化为连贯的早中晚三期。城建于早期后段，当总体龙山文化前期晚段，晚期（约当后期晚段）已废弃，但仍为龙山文化聚落，这时西部龙山文化因素大为加强，并发展为岳石文化聚落[27]。藤花落是目前平面较为清楚的龙山文化城，为研究龙山文化的城、聚落、稻作农业和文化的演变等提供了重要资料，是本世纪末龙山文化考古的一项重大收获。

上举 12 处（组）遗址，基本包括了整个龙山文化分布区，包含了各个等级的聚落址，其中既有中心聚落，也有中小等级的聚落，而且其中的不少遗址已进行了大规模的发掘，尤其是众多龙山文化城址的发现与初步发掘，不仅提供了一批崭新的史前城的资料，而且提出了龙山文化考古的一个新重点。所以本阶段的发掘工作，无论是数量、规模、质量与所获资料的科学价值，都有很大的跃进。

（六）考古资料的大量发表

上一个阶段，尽管有姚官庄（1960 年）、西夏侯（1963、

1965 年）、东海峪（1973、1975 年）、三里河（1974～1975
年）、呈子（1976～1978 年）、尧王城（1978～1979 年）等龙
山文化遗址的重要发掘，但只有《考古学报》1964 年第 2 期、
1980 年第 3 期先后发表了西夏侯与呈子遗址的正式发掘报告，
其余都只见简报或未曾报道，无法利用这些资料进行研究。这
种状况在本阶段得到了很大改善，自 1981 年以来发表了大批
调查、发掘简报和正式发掘报告，计近百篇。现列举部分比较
重要者于下，以观其大概。

1981 年第 5 期《文物资料丛刊》发表山东姚官庄遗址发
掘报告。

1983 年第 1 期《史前研究》发表山东长岛县史前遗址调
查简报。

1984 年第 3 期《史前研究》发表山东栖霞县杨家圈遗址
发掘简报。

1985 年第 2 期《史前研究》发表山东兖州史前文化遗存
概况。

1985 年第 3 期《考古学报》发表山东潍县鲁家口遗址发
掘报告。

1985 年第 4 期《史前研究》发表山东日照尧王城遗址试
掘简报。

1985 年第 4 期《考古学报》发表山东茌平尚庄遗址发掘
报告。

1986 年第 3 期《考古学报》发表山东曲阜西夏侯遗址第
二次发掘报告。

1986 年第 4 期《考古学报》发表山东牟平照格庄遗址发
掘报告。

1987 年第 4 期《考古》发表山东泗水尹家城第四次发掘简报。

1987 年第 5 期《考古》发表山东昌乐邹家庄遗址发掘简报。

1987 年第 5 期《考古》发表山东长岛北庄遗址发掘简报。

1987 年第 11 期《文物》发表山东菏泽安邱堌堆遗址发掘简报。

1987 年第 5 期《文物考古集刊》发表河南永城王油坊遗址发掘报告。

1987 年第 10 期《文物资料丛刊》发表山东临沂湖台遗址的清理报告。

1988 年第 1 期《东南文化》发表江苏沭阳县考古调查简报。

1988 年文物出版社出版《胶县三里河》考古发掘报告。

1989 年第 1 期《华夏考古》发表河南鹿邑栾台遗址发掘简报。

1989 年第 5 期《考古》发表山东邹平丁公遗址试掘简报和尹家城遗址第五次发掘简报。

1989 年《海岱考古》第一辑发表山东临朐西朱封龙山大墓清理报告。

1989 年《海岱考古》第一辑发表山东青州凤凰台遗址发掘报告。

1990 年第 7 期《考古》发表山东临朐西朱封遗址大墓第二次清理报告。

1990 年 11 月文物出版社出版《泗水尹家城》报告集。

1990 年 12 月文物出版社出版《兖州西吴寺》报告集。

1992 年第 6 期《考古》发表山东邹平丁公遗址第二、三次发掘简报。

1993 年第 4 期《考古》发表山东邹平丁公遗址第四、五次发掘简报。

1994 年第 1 期《考古》发表安徽蒙城尉迟寺遗址发掘简报。

1997 年第 5 期《考古》发表山东阳谷景阳岗遗址调查、发掘简报。

自 1981 年以来，差不多每年都有重要或较重要的资料公布，特别是《胶县三里河》、《泗水尹家城》和《兖州西吴寺》三部考古报告的出版，同早年出版的《城子崖》一起，各自为鲁东、鲁中南、鲁中北地区的龙山文化提供了典型而系统的资料，起到了标尺性作用。同时有关单位先后编辑出版了《山东史前文化论文集》、《山东龙山文化研究文集》、《纪念城子崖遗址发掘 60 周年国际学术讨论会文集》、《中国考古学会第九次年会论文集》等，集中了龙山文化和山东史前文化研究的主要论文和代表性观点。大批的全方位的发掘资料的发表和研究文集的出版，大大促进了龙山文化研究的发展。

注　释

[1] 苏秉琦《在全国考古学规划会议、中国考古学会成立大会的发言》，载《华人·龙的传人·中国人》第 3 页，辽宁大学出版社 1994 年版。

[2] 苏秉琦此文又载于《苏秉琦考古学论述选集》第 225 页，文物出版社 1984 年版。

[3] 苏秉琦《辽西古文化古城古国——试论当前考古工作重点和大课题》，载《华人·龙的传人·中国人》第 77 页，辽宁大学出版社 1994 年版。

［4］同［3］。

［5］苏秉琦《华人·龙的传人·中国人》第 76 页，辽宁大学出版社 1994 年版。

［6］同［3］，第 42 页。

［7］同［3］，第 170 页。

［8］同［3］，第 45 页。

［9］同［3］，第 61 页。

［10］同［3］，第 64 页。

［11］中美两城地区联合考古队《山东日照市两城地区的考古调查》，《考古》1997 年第 4 期。

［12］国家文物局主编《中国文物地图集（河南分册）》，中国地图出版社 1991 年版。

［13］中国社会科学院考古研究所安徽工作队《安徽淮北地区新石器时代遗址调查》，《考古》1993 年第 11 期。

［14］山东省文物考古研究所等《山东栖霞杨家圈遗址发掘简报》，《史前研究》1984 年第 3 期。

［15］严文明《夏代的东方》，载《夏史论丛》，齐鲁书社 1985 年版。

［16］北京大学考古实习队等《山东长岛北庄遗址发掘简报》，《考古》1987 年第 5 期。

［17］资料未发表。基本情况见杜在忠《边线王龙山文化城堡的发现及其意义》，《中国文物报》1988 年 7 月 15 日；山东省文物考古研究所《前进中的十年》，《文物考古工作十年》第 166 页，文物出版社 1990 年版。

［18］山东大学历史系考古专业教研室《泗水尹家城》，文物出版社 1990 年版。

［19］国家文物局考古领队培训班《兖州西吴寺》，文物出版社 1990 年版。

［20］山东省文物考古研究所等《临朐县西朱封龙山文化重椁墓的清理》，《海岱考古》第 1 辑，山东大学出版社 1989 年版。

［21］中国社会科学院考古研究所《山东临朐朱封龙山文化墓葬》，《考古》1990 年第 7 期。

［22］傅斯年、李济等《城子崖》，第 28～31 页，1934 年。山东省文物考古研究所 1989～1992 年城子崖勘探试掘资料未发表。

［23］山东大学历史系考古专业《山东丁公遗址试掘简报》、《山东丁公遗址第二、三次发掘简报》、《山东丁公遗址第四、五次发掘简报》，《考古》1989 年第 5 期、1992 年第 6 期、1993 年第 4 期；《邹平丁公发现龙山文化城址》，《中国文物报》1992 年 1 月 12 日；《邹平丁公发现龙山文化文字》，《中国文物报》

1993 年 1 月 3 日。

[24] 山东省文物考古研究所《山东阳谷县景阳岗龙山文化城址调查与试掘》,《考古》1997 年第 5 期;张学海《鲁西两组龙山文化城的发现及对几个古史问题的思考》,《华夏考古》1995 年第 4 期。

[25] 张学海《鲁西两组龙山文化城的发现及对几个古史问题的思考》,《华夏考古》1995 年第 4 期。

[26] 河南省文物研究所《河南鹿邑栾台遗址发掘简报》,《华夏考古》1989 年第 1 期。

[27] 林留根等《藤花落遗址聚落考古取得重大收获》,《中国文物报》2000 年 6 月 25 日第 1 版。

四 龙山文化研究的全面开展
（一九八一年以后）

由于本阶段学科理论的发展，初步掌握了留存的龙山文化遗址及其分布状况，开展了全方位的发掘，发现了大批城址，公布了大量资料，加上碳十四测年学的发展和大批测年数值的公布以及活跃的学术活动和有利的政治社会环境，本阶段龙山文化的研究具备了前所未有的有利条件。研究工作全面开展，一些大课题被提出与突出，研究内容涉及分布范围、文化特征、文化源流、年代、分期、类型、族属、同周边文化的关系、社会经济、社会性质、文明起源、古城、古国、聚落以及某些典型器物研究等，其中好些课题得到了基本解决或取得了显著进展。1991 年金秋，在济南召开了"纪念城子崖遗址发掘 60 周年国际学术讨论会"，成为龙山文化研究的一个里程碑，标志着龙山文化研究进入一个以类型、古城、古国和文明起源为核心的新阶段，龙山文化研究已向纵深发展。

（一）龙山文化区系类型研究

文化区系类型研究是一定区域的考古学文化时空关系研究，1993 年有人把这一学科基础课题的主要研究对象概括为"一定区域的文化谱系、文化编年、文化特征、文化类型、文化基因与文化发展演变规律、文化分布范围及同相邻文化的关系等问题"[1]。龙山文化区系类型课题的这些子题，在本阶段得到了基本解决。

1. 龙山文化的源流与年代

这是上一阶段龙山文化研究的主要课题。在文化源流问题上，上阶段已证明龙山文化来源于大汶口文化，两者属于同一文化谱系；同时提出了岳石文化的命名，确定它是继龙山文化以后发展起来的文化，或认为是龙山文化的"去脉"。虽然岳石文化是在探讨龙山文化的发展去向时被确立为考古学文化的，但在 80 年代初期还不清楚这两支文化是否具有内在联系，说龙山文化的发展去向是岳石文化当时尚缺乏论证。1984 年于海广发表论文，谈到了两者的文化联系[2]。1985 年严文明在《夏代的东方》一文中，比较了两者在文化因素上的诸多联系，证明岳石文化是由龙山文化发展来的，两者同属东夷文化[3]，龙山文化的发展去向问题得到了初步明确。但此后有人提出了岳石文化是外来文化的主张[4]。1991 年栾丰实撰成《论岳石文化的来源》[5]一文，分析了岳石文化和龙山文化具有基本相同的分布区，两者年代基本衔接，城垣、住房建筑技术承袭龙山文化而有明显发展，墓葬与占卜习俗存在一致性，石质农具与冶铜业在龙山文化的基础上得到进步，骨、角、蚌器的制作技术和主要器类的形制对龙山文化有继承性，尤其是详细分析了两者陶器之间许多因素的互相传承关系等，证明岳石文化的主要文化因素都来源于龙山文化，换言之，龙山文化发展成岳石文化。此文系统全面地论述了两者文化因素的广泛联系，结论具有说服力。龙山文化的发展去向问题已毋庸置疑，终于确立了海岱地区北辛文化——大汶口文化——龙山文化——岳石文化这一基本完整的文化谱系，龙山文化仅是该文化谱系的一个发展阶段，并不是最后阶段。

关于龙山文化的绝对年代，上一阶段多数人定为公元前2400~前2000年，有的把上限提到了公元前2500年，有的则把下限定在公元前1900年或前1800年甚至前1700年。80年代以来，龙山文化分期研究的发展和碳十四测年数据的大为丰富，显示了原来推定的绝对年代不是很准确。特别是尹家城的龙山文化包含从早至晚的全过程，发掘报告分为连续发展的四期六段，第一段的遗物和大汶口文化晚期器物有许多相同或相似之处，属最早阶段的龙山文化之列；第六段遗物和岳石文化的器物有较多的共同因素。发掘报告参考山东地区大汶口文化晚期至岳石文化时期的年代数据，推定尹家城龙山文化遗存的上限在公元前2600年前后，下限约在公元前2000年，前后延续600年[6]，比上个阶段推定的400年左右的一般意见长了200年，也前推了200年。这一绝对年代，和60余个龙山文化测年数值中的绝大部分的年代相符（表一〇），其上限已和大汶口文化的下限完全衔接，其下限和岳石文化的公元前1900年的上限，则尚有百年上下的空缺，一直不了解这空缺究竟是岳石文化还是龙山文化。1999年山东桓台唐山遗址出土一组岳石文化陶器，其中的一件鬲，薄胎磨光黑陶，宽卷沿，弹头形袋足无足跟；一件磨光黑灰陶盒，圆形有盖，两器均为实用器，陶系和龙山文化完全一致。另有两件泥质灰陶豆，一为浅盘细柄，柄下部隐起凸棱；另一件为浅碗豆，细柄；均素面，未磨光，形体小，系明器，是岳石文化常见的磨光浅盘豆与浅碗豆的祖型。这组陶器是目前所见最早的岳石文化遗物，大致填补了龙山文化与岳石文化之间约百年左右的缺环，证明公元前2000年是龙山文化和岳石文化的大致年代界标[7]，终于把两者的年代也衔接在一起，基本解决了龙山文化的绝对年代问题。

2．龙山文化分期研究

　　龙山文化的分期研究可以追溯到 20 世纪 30 年代末。当时尹达把黄河流域的泛龙山文化分为两城期、龙山期和辛店期三期，认为三期年代衔接，由东往西发展，并推定了三期的年代。实际上前两期属于龙山文化，辛店期属后岗二期文化，就是说他把山东地区的龙山文化分为两城期与龙山期两期，推定前者的年代为公元前 2900～前 2500 年，后者年代为公元前2500～前 2100 年[8]。尹达的著作撰于 1939 年，直到 1955 年才正式出版，出版后龙山文化由东向西发展的观点一度成为人们对泛龙山文化的基本认识。但由于五六十年代山东地区龙山文化的资料仍然只有城子崖那批重要资料（1960 年姚官庄发掘所获虽很丰富，但正式报告到 80 年代初才发表），因此三期说的发表并未促成龙山文化分期问题的探讨。1962 年有人对当时的分期方法提出质疑[9]，终因资料贫乏，没有什么反响。70 年代中晚期东海峪、三里河、呈子等遗址的发掘，都注意了地层和文化遗存的分期，为龙山文化的综合分期研究作了准备。70 年代末，黎家芳、高广仁首先对龙山文化进行了综合分期，80 年代以来，这一课题受到比较充分的研究，取得了重大成果。

　　先是 1979 年，黎家芳、高广仁联合发表文章[10]，依据东海峪、大范庄、三里河、姚官庄等遗址的资料，把龙山文化分为早、中、晚三期。早期包括东海峪简报的中层和大范庄的26 座墓，中期包括东海峪简报上层、三里河简报第一组墓，晚期包括三里河简报第二组墓，姚官庄主要遗存。该文不是龙山文化分期问题的专论，而且主要是对山东东半部地区龙山文化的分期，所分早、中、晚三期大致相当于龙山文化早中期。

1984 年，邵望平重申了上述三期说。早期以呈子龙山文化早期为代表，包括大范庄部分遗存和东海峪中层；中期以三里河 M2124 一组墓为代表，包括呈子中期和东海峪上层部分遗物；晚期以姚官庄的主要遗存为代表，包括三里河 M2100 为代表的一组墓和呈子上层的晚期遗存等[11]。增加了呈子遗址资料，并以呈子、三里河的有关期别和姚官庄的主要遗存作为各期的代表，观点更为明确。

1984 年，吴汝祚、杜在忠在《考古学报》第 1 期联合发表《两城类型分期问题初探》，该文在概括了龙山文化分类分期问题的研究情况、两城类型的主要文化特征与分布范围以后，着重对龙山文化两城类型的分期问题进行了系统深入的探讨。作者以东海峪、呈子、三里河的层位关系为基础，结合陶器类型学分析，依据陶器组合和一部分器形的发展变化，把两城类型分为四期（表三）。

表三　两城类型分期表

	日照东海峪	诸城呈子	胶县三里河	潍坊姚官庄	临沂大范庄
一期	中文化层墓葬	第二期文化早期遗存	M212、274、280 等		M2、14、19、22、26、27 等
二期	中文化层、上文化层墓葬	第二期文化中期遗存	M210、214、2108 等		M17、23 等
三期	上文化层	第二期文化晚期遗存	M222、238、2124 等	部分遗存	
四期		M81	M102、106、134、2100 等	部分遗存	

该文又对鼎、鬶、豆、蛋壳高柄杯这四种代表性器形作了类型学分析，找出其发展演变规律，对所分期别进行了验证。最后又和城子崖类型作了概括比较，指出城子崖类型（作者指

的是山东中、西部的龙山文化）的有些遗存可能要晚于两城类型第四期。同前面的分期把仅是山东东部地区龙山文化的分期统称为龙山文化分期不同，作者只是对两城类型进行了分期，认为当时城子崖类型和半岛地区都还缺乏分期的条件。这是第一篇对龙山文化综合分期研究的颇有力度的专论，代表了 80 年代该课题研究的阶段性成果

1989 年，韩榕在《考古学报》第 2 期发表《试论城子崖类型》一文。依据城子崖、高皇庙、青堌堆、尚庄、南陈庄、邢寨汪、尹家城、西吴寺等资料，把龙山文化城子崖类型分为早晚两期四段，一二段属早期，三四段属晚期。早期前段（一段）以前掌大 1985 年清理的一个灰坑、尹家城 F3、东魏庄 H2 为代表，早期后段（二段）以东魏庄 H1、西吴寺 M6、H 226、H 235、野店 H8 为代表，晚期前段（三段）以尚庄第二期文化和西吴寺部分遗存为代表，晚期后段（四段）以尚庄第三期文化和尹家城第一期文化部分遗存为代表。并排出了鼎、鬶、甗、罐四种器形的演化轨迹，制作了分期图。此文首先对山东中西部的龙山文化进行了较系统的综合分期，同上述两城类型的分期一起代表了 80 年代龙山文化分期研究的阶段成果，为 90 年代本课题研究的深化和基本解决铺垫了重要的基石。

1990 年 11 月、12 月，《泗水尹家城》、《兖州西吴寺》相继出版，前者的龙山文化包括自始至终的全过程，分为四期六段，第一期包括第一、二段，第二期当第三段，第三期当第四段，第四期包括第五、六段。《兖州西吴寺》的龙山文化也经历了长过程，报告依据 9 组打破、叠压关系组，归纳为 5 段，进而分为三期。第 1 段为一期，第 2、3、4 段属第二期，第 5 段为第三期，第二期属于西吴寺龙山文化的繁荣期。这两处遗

址均位于泗河上游水系，东西相距约 60 公里，都进行了大规模的揭露，龙山文化资料比较系统，遗物丰富，而且两者资料可以互补，从而为认识鲁中南地区龙山文化的发展变化过程，解决龙山文化的分期奠定了基础。

1992 年，栾丰实在《华夏考古》第 2 期发表《龙山文化尹家城类型的分期及其源流》一文，在重新审视了尹家城与西吴寺发掘报告的"期""段""组"和对鼎、鬶、罐、盆、盒、豆、高柄杯七种陶器进行了排比后，依据陶器形态与组合的变化，把汶泗流域的龙山文化分为 9 段六期，1、2 段为第一、二期，3、4 段为第三期，5、6 段为第四期，7、8 段为第五期，第 9 段为第六期，从而对龙山文化的一个小区（地方类型）进行了最为细密的分期。

与之不同，于海广则把尹家城与西吴寺的龙山文化分为四期 8 段，他把尹家城报告的第 3、4 段各析成两段，共 8 段，每期各占两段。把西吴寺报告的第 2、3 段合为第 2 段，而分成 4 段，第 1 段与尹家城第 2 段相当，属第一期；第 2、3 段当尹家城第 3、4 段，属第二期；第 4 段（报告第 5 段）当尹家城第 5、6 段，属第三期，西吴寺缺第四期遗存[12]。

1993 年，赵辉发表了《龙山文化的分期与地方类型》一文，对全山东地区龙山文化的分期进行了综合研究。文章从典型陶器的演变，鲁东区、鲁中南区、鲁西北区与胶东区典型陶器的共存情况和分期，以及龙山文化陶器群的分期等三方面作了系统分析，把龙山文化划分为四个发展阶段，认为在第二、三段之间陶器群表现出重大变化，从而把龙山文化分为早晚两期四段，每期各占两段[13]。龙山文化分期研究由此前的某一地区或类型的分期，开始了对整个山东地区龙山文化的综合分期。

　　1997 年，栾丰实在他的《海岱地区考古研究》中，对整个龙山文化进行了全面的分期。他把尹家城分为 8 段，西吴寺分为 6 段，尚庄分为 4 段，丁公分为 5 段，三里河分为 7 段，呈子分为 6 段，尧王城分为 4 段，王油坊分为 3 段。以尹家城的 8 段为基础，其余各遗址均与其相对应，把龙山文化整合为 10 段，并依据九类典型陶器形态和组合的演化，归并为六期，又把这六期划分为早晚两大阶段，前三期为早期阶段，后三期为晚期阶段，形成了两大阶段、六期、10 小段的龙山文化完整的分期体系，并基本上把现有主要龙山文化资料都在这个体系中排定了位置。这是迄今对龙山文化最为全面细致的分期，表明龙山文化综合分期研究取得了重大成果（表四、五、六）。

　　综观龙山文化分期研究，经历了从各遗址龙山文化遗存的分期到地域（类型）的分期，再到总体文化分期的渐进过程，赵辉、栾丰实在其前的两城与城子崖类型或者说在鲁东与鲁西

表四　海岱龙山文化典型遗址分期对应关系表

分期 阶段	期	段	尹家城	西吴寺	尚庄	丁公	三里河	呈子	尧王城	王油坊
早期阶段	一	1	1	1		1	1	1	1	
		2					2	2		
	二	3	2	2	2	2	3	3	2	
	三	4	3	3			4	4	3	
		5		4	1	3	5	5		
晚期阶段	四	6	4	5			6		4	1
		7	5				7			
	五	8	6	6						2
		9	7		3	4				
	六	10	8		4	5				3

（引自栾丰实《海岱地区考古研究》）

表五   各类鼎足的存在（细线）、流行（粗线）时间表

存在与流行 \ 分期 \ 形制	1	2	3	4	5	6	7	8	9	10
凿形足										
铲形足										
鸟首形足										
侧装三角形足										
"V"字形足										

（引自栾丰实《海岱地区考古研究》）

表六   陶鬶把手的演变和流行时间表

流行时间 \ 分期 \ 形制	1	2	3	4	5	6	7	8	9
纹丝状									
象征性绞丝状									
桥形									
扁卷筒形									
宽带形									

（引自栾丰实《海岱地区考古研究》）

地区龙山文化分期研究的基础上，进行了总体文化综合分期，都分龙山文化为早晚两大发展阶段，但赵辉又分每阶段为两段，即两期4段；栾丰实则把早晚阶段各分为三期，其中第一、三、四、五期又各分为两段，即两阶段六期10段，并列表说明各家分期意见的对应关系，现转录于下（表七）。

需要指出的是，龙山文化只有约600年，六期10段的划分，平均每期100年，每段60年，实际上各期各段的时间不可能都一致，因而较长的期将不到100年，较短的段不足60年。而龙山文化分布范围达20万平方公里以上，在如此广阔的地域内，不同地区、不同时期其发展变化不可能完全一致，

表七　海岱龙山文化各家分期对应系表

阶段	栾丰实·期	栾丰实·段	赵辉·期	赵辉·段	韩榕·期	韩榕·段	高广仁	于海广·期	于海广·段	段	吴、杜
晚期阶段	六	10						晚期			8	
	五	9	晚期	四	晚期	四		四		7	
		8								6	
	四	7		三		三	中期	三		5	四
		6									
早期阶段	三	5	早期	二	早期	二	晚期		二		4	
		4						早期		3	三
	二	3		一		一	中期	二		2	二
		2					早期	一		1	一
	一	1									
	栾丰实		赵辉		韩榕		高广仁	于海广			吴、杜
	二　分　法						三　分　法			四分法	

（引自栾丰实《海岱地区考古研究》）

区内同一时间段文化的演变情况将是错综复杂的。此处在发展变化，彼处可能相对静止，发展速度有快慢，变率有大小，发展水平有高低之差别，总之，不同地区不同类型的发展步伐绝非整齐划一的。因此对某地或类型的细致分段分期，能否完全适用于其他地区或类型，能否代表龙山文化的总体分期体系，这在尚未建立各地区各类型的分期体系以及缺乏系列测年数值的情况下，还很难明确回答。按六期 10 段的划分，鲁东地区少见龙山文化晚期偏晚的遗存，这是该地区的龙山文化延续较短还是具有自身的发展脉络，单靠类型学分析和横向对比已不易作出令人满意的答复，只能靠建立鲁东地区自身的分期体系和碳十四系列测年来解决。因此，龙山文化总体分期研究仍需深入，应当首先着重建立鲁东南、山东半岛、鲁中北、鲁西、豫东地区各自的分期体系，然后和鲁中南地区的分期成果共同整合成龙山文化的总体分期体系。

3．分布范围的明朗化

在上一个阶段末，考古界一般认为龙山文化的分布范围东北抵辽东半岛旅大地区，北达冀东、冀南，南到淮河，西面未越过黄河、鲁西湖群，分布范围南北稍大于东西。随着本阶段调查、发掘、研究工作的蓬勃开展，对上述认识逐步作出了修正。过去把旅大地区看成龙山文化的分布范围或地方类型，主要是根据 40 年代初期日本人发掘的老铁山、四平山积石墓出土的一些很像龙山文化的器物，而且曾把不同时代的遗址都归为山东龙山文化遗址。1973～1978 年，旅顺博物馆、辽宁省博物馆等发掘了老铁山、将军山积石墓，以及郭家村、于家村、上马石、高丽城山、小朱山、吴家村、柳条沟东山等一批新石器、青铜时代遗址以后，得知其中相当于龙山文化时期的小朱山上层、郭家村上层一类遗存，只是受到了龙山文化的影响，主流仍是当地自身的文化因素[14]。有人看了收藏于日本的早年老铁山积石墓出土的陶器，认为同龙山文化陶器“形似神异”，陶器制作粗糙，多为红褐陶，不应定为龙山文化[15]。90 年代初安志敏把辽东地区的古文化归纳为八种文化遗存，第三种称为小朱山三期文化（小朱山上层），认为其中积石墓的器物特别是四平山出土的单耳三足杯、袋足鬶、玉环、玉璇玑等，虽具有浓厚的龙山文化色彩，但积石墓为辽东所特有，应当作为土著文化来看待[16]。90 年代以来，考古界对旅大地区不属于龙山文化分布区的认识已比较一致，一般认为龙山文化的东北界在渤海之中的长岛县北部。但也还有不同意见，例如栾丰实《海岱地区考古研究》在“海岱龙山文化的发现和研究”一题中认为，辽东半岛南部地区比较复杂的文化面貌，反映了居民族属并不单一，应有一部分从山东渡海而来，因此该地区龙山时代的文化性质仍需进一步展开分析与讨论。而在同书“辽东半岛南部地区的原始文化”一题中，则明确提出辽南地区是海岱龙山文化一个"新的分布区"。

50 年代河北唐山大城山和邯郸涧沟等地的发掘，证明都只是受到了山东龙山文化的一定影响，而不是山东龙山文化遗址，说明山东龙山文化未达唐山、邯郸地区。但因冀东南和鲁北地区很少开展工作，所以龙山文化的北界始终不明朗。1989、1990 年，河北省文物研究所等对任丘哑叭庄遗址进行了大规模发掘，文化遗存有龙山时代、夏家店下层文化时期、西周与东周四期。龙山时代的陶器以泥质灰陶最多，次为红褐陶和磨光黑陶，白陶最少。90% 以上的陶器都施纹饰，以绳纹为主，篮纹、方格纹次之，还有凸凹弦纹、堆纹和乳丁纹。发掘报告认为同后岗二期文化、王油坊类型比较接近，并同唐山大城山 T8②层、昌平雪山二期等一同构成一个大文化区，但自身具有特色，称之为"龙山时代哑叭庄类型"[17]。该遗址面积 6 万余平方米，位于河北任丘市西 2 公里，北距白洋淀 15 公里，处于子牙河、滹沱河以北 50 公里上下，是河北沧州地区首次发现的重要遗址。沧州南邻山东，沧州城南距山东边界不到 50 公里。如果报告所定哑叭庄的文化性质准确，如此，则由大城山、哑叭庄、涧沟构成一条东北到西南向的界线，龙山文化的北界应在此线以东，也许在子牙河、滏阳河一带，超出鲁西北边境最远不过 100 余公里。目前已在乐陵县的马颊河北侧发现两处龙山文化遗址[18]。

八九十年代，南京博物院在江苏江淮地区进行了比较系统的调查、试掘和重点发掘，基本查明了江淮东部地区（江苏境内）史前文化的发展变化状况。该地区的史前文化缺乏连续性，约自距今 7000 年以后到 5000 年，存在龙虬庄文化。自距今 5000 年到 4000 年出现了文化空白，原因是海平面上升，海水倒灌淹没该地区[19]。龙山文化正处于该时期内，除了阜宁县东南到西南一带的 3 处遗址在黄河故道南侧以外，其南界基本上在淮河以北。

看法最不一致的是龙山文化的西界与西南界，主要原因是对鲁西、鲁西南、豫东、皖北地区同期文化的文化性质存在分歧，但也研究得比较多，有的问题已取得共识。在 70 年代末以前，研究者认为鲁西的青堌堆、尚庄遗址并不是典型龙山文化遗址，所以认为龙山文化未进入鲁西地区[20]。1981 年严文明把青堌堆、尚庄归属龙山文化遗址，把龙山文化西界定在运河一线。他说："尽管借以命名的龙山镇城子崖遗址由于位置偏西而受到后岗二期文化的影响，但从整体来看，山东省运河以东的全部和江苏北部仍然构成一个比较统一的文化区。"[21] 1984 年吴汝祚、杜在忠同样把青堌堆、尚庄纳入城子崖类型，即归属龙山文化[22]。1987 年于仲航发表文章，认为尚庄遗存总体上仍属山东龙山文化[23]。

1989 年韩榕对尚庄、青堌堆遗存和河南龙山文化的关系作了深入分析，指出尚庄龙山文化遗存和后岗二期文化差别明显，同城子崖比较一致。而青堌堆和豫东、豫北龙山文化显然不属同一文化类型，却更多地倾向于典型龙山文化[24]。这期间，严文明、栾丰实、徐基等都发表了相同的看法[25]，把青堌堆龙山遗存与造律台（王油坊）类型、后岗二期文化相区别，而且栾、徐二人还认为王油坊类型也属龙山文化体系。这些文章着重于研究青堌堆下层文化的性质，在归属龙山文化之后，未对龙山文化的西界提出具体意见。1995 年以后，张学海分析了鲁西地区龙山文化遗址的分布状况，指出鲁西地区存在两个龙山文化聚落群，一群以茌平西南部、东阿中部为中心，其中包括尚庄遗址；另一群以阳谷东南部为中心，包括梁山、郓城、鄄城北半部和夹于中间的河南台前县、范县东部地区，青堌堆遗址位于该群东南部，该群体大部已在运河以西，群体西边正处于 60 年代以前的山东、河南接境一带，大约在今徒骇河上游以东，往西到河南濮阳之间则有一段文化空白区，少见龙山遗址[26]。因此，龙山文化的西界应在今徒骇河上游以东，而不在运河一线。

龙山文化西南界的确定，关键在于王油坊类型的归属。80 年代以前，一般把王油坊类型归为河南龙山文化，或认为是一支独立的考古文化[27]。80 年代末 90 年代初期，郑笑梅、徐基、栾丰实开始把王油坊类型看成龙山文化的一个地方类型[28]。目前认识尚不完全一致，但多数研究者认为是龙山文化的一个地方类型。如此龙山文化的西南界则达安徽淮河北岸和豫东一带，有人认为王油坊类型的西界约在京广铁路东。

综上，本阶段已勾勒出龙山文化更为明确的范围，它以山东全境为中心，北面可能到河北南部的滏阳河、子牙河，西至徒骇河上游，南抵江苏淮河，西南可能到安徽淮河北岸和豫东，占地达 20 余万平方公里。

4. 地方类型研究

在龙山文化辽阔的分布区内，各地自然地理环境不同，相邻文化与相互影响各异，因而在发展过程中形成差异，构成若干地方类型。首先注意到这种差异的是梁思永和尹达。早在 1939 年梁思永已经把当时的泛龙山文化分为山东沿海区、豫北区和杭州湾区，并指出"地理上处在山东沿海区与豫北区之间的城子崖，有着一批似乎是文化接壤地区所生产的陶器"，豫东永城遗址和安徽中部寿县遗址的地理位置是在上述三个区域的三角之中，这个位置也在陶器上反映出来[29]。紧接着尹达把当时的龙山文化分为两城期、龙山期和辛店期，把三地龙山文化的差别解释为时间差别，并认为三期年代互相衔接，由东往西发展[30]。"三区说"与"三期说"虽然针对泛龙山文化而论，但可视为龙山文化类型研究之始，并在相当长的时间内有着影响。1979 年高广仁、黎家芳在此基础上正式提出两城类型与城子崖类型的名称（后来又被称为鲁东类型与鲁西类型），但仍未从类型的角度进行研究。真正对此进行比较系统深入的研究是在 80 年代中期以后，这时已具备了这方面研究的理论指导和资料基础。开始是在两城与城子崖两个类型的框架中研究，80 年代后期突破了这一框架，实际上当时不少人都已形成大体相同的看法，在正式对此开始研究以后不到 10 年的时间，取得了显著的成绩。择要依次加以介绍。

自 1979 年提出两城类型与城子崖类型以后，1984 年，吴汝祚、杜在忠在《考古学报》第 1 期发表《两城类型分期初探》，划出了两城类型的范围，认为"此类遗存的分布范围主要在山东东部一带，中心地区大致处于现行政区划的潍坊、临沂两地区之内……半岛东端及偏北一带，即今烟台地区……是否还存在着某些地域性差异，有待今后探讨。以西伸延范围，从当前资料的分析，至少在淄、涝两区流域还基本属这一类型的文化面貌"。并认为两城类型晚期阶段的某些文化因素，在山东西部地区也多有发现，这可能与晚期文化范围的扩大和东西文化的交流密切相关。

文章对两城类型陶器的特征作出了概括，指出：两城类型陶系以黑陶居多，其中以陶质细腻素面磨光而呈漆黑光亮者最为突出，此外还有灰、褐、红、白、黄陶。红、白、黄陶虽较少，但多见于鬶等器物，其独特的器形配以醒目的色调，形成特有的文化面貌之一。多数陶器较硬，质细，只见少数红胎黑皮陶，陶质较低。陶器风格素雅光洁，多素面，有纹饰者一般也很简练，施于特定部位，恰到好处地突出素雅而优美的风貌。常见纹饰为凹凸弦纹、压印纹、堆纹、刻画纹与篮纹，蛋壳陶高柄杯饰细弦纹、波纹与竹节纹，往往和各种镂孔相间，基本不见方格纹与绳纹。陶器普遍使用快轮制作，一般胎薄而轻巧，其中的蛋壳高柄杯陶胎厚度大都只有 0.5～1 毫米，杯沿厚仅 0.3 毫米左右。两城类型陶器，器壁多转折变化，突棱、子母口、圈足、假圈足发达。耳、鼻、把等附件装位适当，形状多变，富于装饰性。流行仿鸟造型，鬶、鸟首形（鬼脸型）鼎足、部分鸟首形盖纽，均取材于鸟类，或写真，或抽象化，总之，两城类型陶器之精工、优美，不仅独居整个龙山文化之鳌头，也代表着古代世界制陶工艺的巅峰。两城类型陶器主要为三足器、圈足器和平底器，不见圜底器。常见器形有鼎、鬶、豆、壶、罐、瓮、圈足盘、环足盘、甗、单耳杯、高柄杯、盆、盘、盂、碗、盒、杯与器盖，还有匜、盉、罍、瓶等，以鼎、鬶、豆与蛋壳高柄杯最有代表性，从早期到晚期各自具有演化体系。

1989 年韩榕在《考古学报》第二期发表《试论城子崖类型》，对城子崖类型进行了系统全面的研究。依据当时对两城类型的东界约在涞、淄流域和龙山文化的西界在京杭大运河的认识，把城子崖类型的分布范围定在两城类型与京杭大运河之间，认为"城子崖类型的分布范围是以泰山为中心，它的东境在泰沂山脉以北大致以淄、涞两河，以南大致以沂、沭两河与两城类型为邻，南部包括苏北的徐州左近至新沂一带，北到黄河以北的山东北境"。就当时的资料和两城类型比较后，得出同两城类型的主要差别：（一）灰陶居多，西部近运河的遗址往往占绝对优势。篮纹较多，早期多斜行，晚期多竖行，两城较少，多横向；方格纹较多，并有少量绳纹，两城类型均极罕见。（二）陶器器形和所占比重有差别，鸟首形足鼎、侧装三角形足鼎、"V"形足鼎似较多；腹附马蹄形与半月形把手的鼎不见于两城类型。甗多，皆空足，未见实足甗。鬶，早期前段很少，未见细高颈鬶，早期后段以后明显增多，晚期阶段鬶的形态比较一致，不如两城纷繁而富变化；早期后段和晚期前段，流行红陶鬶施白衣作风，晚期仍占一定比例，在两城类型较少见；晚期有子母口鬶与平底鬶，不见于两城类型。未见后者比较多见的盉。炊器以外的三足器似不如两城类型多，早期仅见于个别三足盘；晚期盘变化较大，盘身似皿，环足矮小，极少见于两城类型；很少见两城类型较为多见的铲足三足盘和扁矮足三足单耳杯；三或四足瓦足盆（皿），两城类型也罕见。流行筒形单耳杯，少见流行于两城类型的罐形单耳杯和高领平底壶形双耳杯。高领、广肩、球形腹、假圈足小平底、双提梁式瓮，双横耳高颈扁腹壶，和盘锯形甗箅，都极少见于两城类型。不见后者的四横耳有盖罍和筒形罐。（三）陶器子母，口发达，器盖式样繁多，两者都超过两城类型。（四）带有河南龙山文化因素的绳纹、方格纹深腹罐、深腹盆与瓮，以及斝、瓦足盆（皿）；双耳覆盆式器盖、盘锯式甗箅等，构成城子崖类型的文化特征之一，其所反映的同河南龙山文化的密切关系，很难在两城类型中找到。此外蛋壳高柄杯少见，一直被认为是城子崖类型陶器的重要特征之一，作者则认为这可能是该类型发掘的墓葬少，因为蛋壳陶杯是随葬品，遗址中很少发现。除陶器以外，城子崖类型骨、角、蚌器比较发达，卜骨在龙山文化中仅见，该类型西边有"白灰面"建筑遗迹。

1989 年，郑笑梅提出"泰沂文化区"概念，其范围以山东为中心，北抵冀南，南达江苏淮北，西南到皖北、豫东周口地区。分为六个类型：（一）胶莱河以东的半岛类型。（二）胶莱平原类型。以潍、渳两河为主，北到渤海，南至鲁山、崂山以北的低山丘陵地区。（三）鲁西北类型。自淄水两岸西至冀南豫北，南到郓城、梁山青堌堆等泰山以北地区，北越黄河抵德州一带。（四）汶泗类型。包括泰山以南汶、泗流域，东到蒙山，西止南四湖，南达徐州一带。（五）鲁东南沂、沭类型。包括沂沭河河谷以东、五莲山周围的鲁东丘陵地带，南至连云港附近。（六）西南部黄泛平原类型。包括菏泽地区和苏、鲁、豫、皖四角地带，其基本区域与"造律台类型"范围相吻合[31]。但该文旨在提出"泰沂文化区"，所分六个类型是对该地区当时所知全部史前文化类型的划分，同一般类型研究大都是对某一考古文化地方类型的划分有所不同。

1990 年，李季、何德亮依据兖州西吴寺资料提出西吴寺类型，实际上和尹家城类型一致[32]。

1992 年，栾丰实依据尹家城、青堌堆、西吴寺遗址的资料，提出尹家城类型，开始把城子崖类型分成两个类型。对尹家城类型的文化特征、分期与源流进行了全面分析[33]。

1993 年，徐基发表《山东龙山文化类型研究简论》[34]，对龙山文化类型的研究状况作了概括，肯定了六个类型：（一）城子崖类型；（二）两城类型；（三）姚官庄类型；（四）尹家城类型；（五）造律台类型（王油坊类型）；（六）杨家圈类型。

同年，赵辉发表了他于 1986 年撰写的硕士学位论文《龙山文化的分期和地方类型》，在分期的基础上分龙山文化为五个类型。早期三个：两城、城子崖和西吴寺类型；晚期两个：城子崖与尹家城类型[35]。

1996 年栾丰实在他的《东夷考古》一书中，把龙山文化分为六个类型，1997 年又在他的《海岱地区考古研究》中重申了这一观点，此观点在 1986 年撰写硕士学位论文时就已初步提出。除了把两城类型改称尧王城类型，把造律台类型称为王油坊类型以外，同上述六类型的划分并无二致，也和六区的划分基本相同。但栾丰实对六类型作了更为系统全面的阐述，尤其是王油坊类型。他在《海岱地区考古研究》中专列了《王油坊类型初论》一节，详细分析了王油坊类型的基本特征，同王湾三期类型、后岗二期类型和海岱龙山文化进行了比较，分析了它的源流，认为它固然受到其他文化类型的影响，但有自身的侧重点。他指出把王油坊遗址的 33 种陶器按其来源进行分组分析统计的结果，"与鲁西南龙山文化晚期相同或基本相同的约占 64%，具有王油坊类型特色，而海岱龙山文化少见的约占 18%，王湾类型和后岗类型因素合计只占 18%。王油坊类型的主要器类，几乎都可以在海岱龙山文化中找到"。他说，这并不是说王油坊类型主要器类都是从鲁西南地区龙山文化传播而来，主要还是继承了当地的大汶口文化，并与龙山文化其他类型相互交流、影响以及在自身的发展过程中形成的。在其晚期，王湾类型的影响虽有上升趋势，但始终未占主导地位。而且它发展为岳石文化。所以鲁西南、豫东、皖西北地区至少从大汶口文化晚期以来就是海岱文化区的一个重要组成部分，其龙山文化属于海岱龙山文化范畴，可作为它的一个地方类型（图二九）。这是研究王油坊类型的力作，对判明王油坊

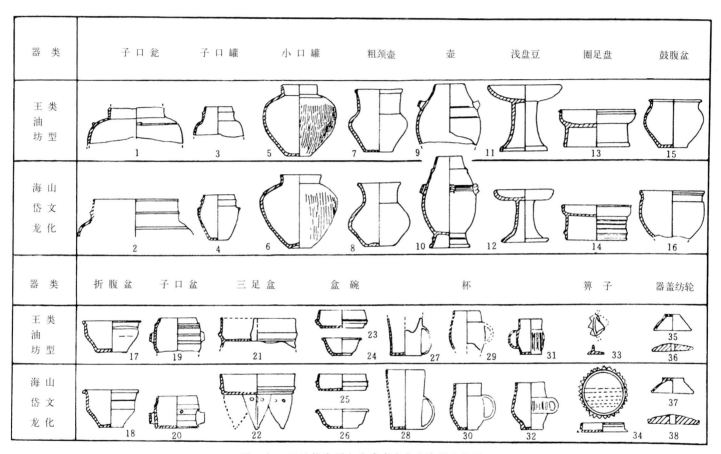

器类	子口瓮	子口罐	小口罐	粗颈壶	壶	浅盘豆	圈足盘	鼓腹盆
王油坊类型	1	3	5	7	9	11	13	15
海岱龙山文化	2	4	6	8	10	12	14	16

器类	折腹盆	子口盆	三足盒	盒碗		杯		箅子	器盖纺轮
王油坊类型	17	19	21	23 24		27	29 31	33	35 36
海岱龙山文化	18	20	22	25 26		28	30 32	34	37 38

图二九　王油坊类型与海岱龙山文化陶器比较图

1、3、5、7、9、11、15、17、19、23、24、33、35、36.永城王油坊　13.睢县
周龙岗　21、27、29、31.曹县莘冢集　8、32.胶县三里河　16、18、22、34、
38.荏平尚庄　26、37.荏平南陈庄　余者皆为泗水尹家城

类型的区系具有重要意义。

2000 年，张学海撰写了《论龙山文化景阳岗类型》一文，依据鲁西地区 90 年代后期的新资料，从城子崖类型中析出一个新类型，其范围包括黄河（古济水的一段）以西以北，东平湖以西，古大野泽、雷夏泽以北的鲁西、鲁西北地区，以该地区最主要的中心聚落景阳岗龙山城为代表，称为景阳岗类型。这是龙山文化最西北的地方类型，西邻中原文化区，因属东西文化的交汇区而形成自身的地方特色。依据已知的七八十处遗址的分布状况，自西南而东北分成阳谷梁山、茌平东河、禹城齐河三个聚落群和一个乐陵庆云聚落组，认为该类型的中心区在徒骇河上游的鲁西地区，可能沿徒骇河向中下游发展。在概括了该类型的基本文化特征以后，着重对其族属与社会性质进行了探讨。

可见山东的学者们对龙山文化类型的划分已初步形成共识，划分得更细。至 90 年代中期，已把最初提出的两城类型析成三个类型，把最初的城子崖类型分成两个类型或三个类型，又把王油坊类型归属于龙山文化。

至于名称问题，应以中心聚落和典型遗址即资料比较系统丰富、能够基本反映该类型特征的遗址为代表，结合使用地理区域名称为好。地理区域名称给人以基本明确的地理空间，尤其是在缺乏代表性遗址的情况下，使用地理区域名称更直观。代表性遗址可以是首先做工作的遗址，但学科发展到今日，不必拘泥于此，应根据所发掘遗址的历史状况和影响而定。准此，两城类型不应改称尧王城类型是不言而喻的，造律台类型、王油坊类型之名则可统一于王油坊类型。总之，随着研究的深化与学科的发展，在考古学文化及其类型的定名上，"标

新立异"是不可免的，但应当慎重，该标新的就标新，不该立
异的不要草率立异。

在深化龙山文化类型研究的同时，不少研究者都对类型的
含义、概念以及划分类型的方法与依据提出了意见。有人认为
考古学文化的地方类型，"即较小范围里的考古学文化"，因此
仍需遵循夏鼐对考古学文化定名的论述进行分析[36]。有人认
为类型是在同一考古学文化之内，由于分布的空间不同，或者
所处的时间有早晚之别，从而形成具有一定自身特色的小的文
化共同体。由前一种情况，即地域性差异所形成的类型，一般
称之为地方类型[37]。并都把考古学文化分为三个层次，而对
其具体理解与称呼又不全同。类型属于第二层次，持前一观点
者称为"子文化"，认为有的"子文化"（类型）内存在地域性
差异，可称为"子类型"[38]。持后一观点者则认为"在每一个
类型之内，依文化特色和遗址分布的相对密集程度、城址或大
型重要遗址的数量和位置、小区域地理环境因素等，又可以进
一步划分出若干低一个层次的文化小区。这种文化小区内的遗
址，多数环绕着城址或中心遗址分布，应相当于'执玉帛者万
国'之古国。这种文化小区在每一个类型内的数量不一，或可
以称为亚型、子型"[39]。这已涉及概念与理论问题，对这方面
问题的思索、探讨，逐渐取得共识，无疑有利于更好地解决龙
山文化的类型问题。

考古学文化类型研究，是考古学基础研究即考古文化区系
类型研究的重要方面，无疑要以"区系类型"的理论作指导。
"区是块块，系是条条，类型则是分支"[40]。类型构成一大文
化区的若干小文化区，大"块"中的"小块块"，所以区系类
型学说又被通俗地称为"文化条块说"。考古学界对考古文化

使用类型一词通常有两种情况，一是对尚未定名为考古文化的考古遗存的称呼，一是指已定名的考古文化中的地方差异。前者要解决文化性质与区系归属问题。考古学文化类型研究主要属后者，在有的情况下也包括前者，例如龙山文化类型研究，必须对王油坊类型的文化性质作出研究。考古学文化类型的产生，总的来说是内因外因综合作用的结果，主要取决于本地的文化传统、所处地理环境和外部文化（相邻文化与类型）的影响。由于考古文化不是静止的，同一文化不同阶段的发展速度、发展水平和文化变率并不一致，同一阶段不同地区文化的发展变化也不平衡，因而各类型的产生有早晚，其范围与文化特征也因时而异。因此，从分析各地的代表性遗址的文化特征与分期入手，由点到面，确定类型的框架，建立各类型的分期体系，然后整合出整个文化的总分期体系，再把各类型纳入其中，这种办法更便于把握一支文化的所有类型及各类型的演变过程，即该文化的发展变化过程。就龙山文化而言，它是海岱文化谱系之中的一环，目前所发现的六个或七个类型几乎都承袭大汶口文化而发展成岳石文化，因此只有并立的分支，而无等级意义上的文化层次。所谓"子类型"或"亚型"如果确实存在，也是分支的分支，是类型本身的发展变化，而不是第三层次的文化。目前龙山文化不宜进行所谓"子类型"或"亚型"的划分，除非掌握大部分遗址的文化特征和所处时间段，否则，这种划分只能造成混乱。

划分类型的依据，只能是同一文化共同体内的地方特色，"大同小异"是考古文化同其类型的关系的准确表述。至于遗址分布的相对密集程度、城址或大型重要遗址的数量和位置、聚落群、古国等，本身不能反映其文化特征，和类型、亚型是不同的概念，不可能作为划分"子类型"或"亚型"的依据。一个类型内城址、聚落、聚落群、古国的多少，反映了族团的这一分支人员之多寡、发展水平之高低、范围之大小、势力之强弱，但不能说明这些聚落群或古国在文化上各具自身特色，而构成"子类型"或"亚型"。不过依据聚落群而不是孤立的遗址，将可以比较容易地确定类型的范围及其中心区。无疑文化类型研究，尤其是龙山文化的类型研究，不能只停留在文化特征及其范围的研究上，还需要结合聚落研究，对一个类型的聚落、城址和聚落群进行分析研究，以达到对类型的更为全面深入的认识，但这和划分"子类型"或"亚型"无关。

5. 同周边文化的关系

随着龙山文化类型研究的深化和对龙山文化基本特征的更为全面的把握，以及分布范围的基本明确，龙山文化和周边文化的关系也逐渐明朗化。在龙山文化周围，自东北、北至东南面，分别存在小朱山上层文化、哑叭庄类型、后岗二期文化、庙底沟二期文化和良渚文化等同期文化，龙山文化和这些文化都存在不同程度的联系。龙山文化同周边文化的关系大都是结合类型、分布范围的研究而逐步明朗化的，但也有人进行过专门研究或对某一方面关系作过专论。其中辽东半岛与中原地区的关系有较多的研究。

龙山文化东北面隔渤海海峡与辽东半岛相望，中间分布着庙岛列岛，为南北文化的交流提供了桥梁。两地的文化联系始于大汶口文化与小朱山中层文化时期，到龙山文化与小朱山上层文化、郭家村上层文化时期，得到了进一步发展。小朱山上层、郭家村上层一类遗存相当于龙山文化早期，于家村下层部分遗存相当于龙山文化晚期，这些遗存中出有袋足鬶、三环足器、单耳杯、豆、罐等和龙山文化一致或很相似的陶器，所以以前曾把辽东半岛南部地区划为龙山文化分布区，或认为是它的地方型变体，至 90 年代仍有持此观点者[41]。但辽东半岛的文化因素在山东所见甚少，仅在庙岛群岛、胶东半岛北面沿海地带有极少发现，在胶莱平原偶有所见，说明龙山文化东北面主要是以龙山文化对辽东半岛的传播为主，而且给予了强烈影响，反向的影响则微乎其微[42]。

龙山文化北邻冀南冀东的哑叭庄类型，两者的关系缺乏研究。但该类型的唐山大城山遗址出有鸟首形鼎足、吻鬶、蛋壳黑陶片等典型龙山文化陶器，曾一度定为河北龙山文化[43]。哑叭庄遗址也出有和龙山文化陶器很相似的黑陶，受到了龙山文化的明显影响[44]。目前尚不清楚前者对后者有何影响，但一般认为这方面也是龙山文化的对外影响为主。

龙山文化的西北面、西面和后岗二期文化相邻，两者各自存在对方的明显影响。一种新观点认为鲁西、鲁西北地区的龙山文化构成景阳岗类型，存在一定比例的拍印纹，主要是篮纹、方格纹和绳纹，还有斝、罐、双腹盆等器形，以及白灰面建筑等后岗二期文化的因素，所以尚庄遗址等的龙山时期遗存起初曾被视为后岗二期文化，甚至有人还认为其东界东达泰山[45]。80 年代以后，不少研究者对尚庄、青堌堆与城子崖类型同后岗二期文化进行了对比研究，指出后岗二期文化中有着浓郁的龙山文化因素，例如存在相当数量的黑陶（后岗遗址占 20%，并有蛋壳黑陶），其中包括鼎、鬶、豆、圈足盆、直口瓮、子口瓮、子口罐、子口盆、大口缸、盒、杯、器盖、器箅等众多龙山文化风格的器形，而且在后岗二期文化中相当普遍，表明龙山文化对后岗二期文化的强烈影响，其强度远远超过了后者给予前者的影响，说明在西面也是以龙山文化的向外传播与影响为主导[46]（图三〇）。

90 年代的研究证明王油坊类型是龙山文化西南部的一个地方类型，其西、北两面分别和庙底沟二期文化的王湾三期类型与后岗二期文化相邻，并给予王油坊类型以不同程度的影响。王油坊类型存在发达的篮纹、方格纹等拍印纹饰，多以罐为炊器，多见鬶、双腹盆与双竖耳大陶器，使用白灰面建筑与儿童陶棺葬等，表明它吸收了王湾三期类型或后岗二期文化的因素，而且在王油坊晚期，王湾三期类型的文化因素明显增强[47]。同时王湾三期类型也存在王油坊类型的某些因素，但比较少，说明龙山文化的西南面主要以中原文化的东向影响为主。

70 年代初，苏秉琦曾对豫东南信阳地区作过勘察，指出有的器物源自山东[48]。近年有人对豫东南驻马店、信阳地区的龙山时代文化作了研究，提出"杨庄二期文化"的命名，认为属"广义的中原龙山文化系统之内"，和豫东的造律台类型也有相似之处，但总体特征差别甚大，其中王湾三期文化与石家河文化的因素更为突出，造律台类型的因素微弱[49]。作者持造律台类型为中原龙山文化观点。这一研究证明龙山文化对豫东南地区的影响很薄弱。至于豫东南往东的皖中地区的同期文化，目前仍少研究，龙山文化与该地区文化的关系未详。

龙山文化东南面与江淮东部地区和宁镇地区、太湖流域的史前文化相邻，相互关系仍缺乏研究。王油坊类型对江淮、宁镇地区有些影响，例如江苏兴化遗址（《文物》1995 年第 4 期）、高邮周邶墩遗址（《考古学报》1997 年第 4 期）所显示的。太湖流域的良渚文化很长时间被看成泛龙山文化的一区，起初认为它略晚于两城镇龙山文化，后来又认为基本同时，70 年代以来的碳十四测年数据表明良渚文化的上限在距今 5000 年前，对其绝对年代有距今 5500～4000 年、5350～4150 年、5300～4000 年、5100～3900 年等多种主张[50]，都包括了龙山文化的全部或绝大部分年代。90 年代以来有人又提出良渚文化和大汶口文化中晚期相当，距今约 5500～4500 年，同龙山文化略有重叠，但基本不属同一时期的文化[51]；又有人把其年代定为距今 5100～4200 年，但认为它早于龙山文化[52]。目前良渚文化因素只在大汶口文化中晚期存在，在龙山文化中极少见。曾有人认为龙山文化两城类型所出的玉器系受良渚文化的影响[53]，但持良渚文化与龙山文化不是同期文化观点者，则认为龙山文化具有良渚文化风格的玉器，不是受良渚文化的直接影响，而是继承于大汶口文化，大汶口文化的有关玉器才是直接接受良渚文化影响者[54]。看来要探讨龙山文化与良渚文化有何关系，首先要确定良渚文化的下限年代，关键在于建立贯穿良渚文化始终的基本衔接的分期和相应的碳十四测年系列数值，龙山文化中不见良渚文化因素只可作为判断良渚文化下限年代的参考，但不能作为主要依据。据目前资料，早在大汶口文化晚期晚段就已基本不见良渚文化的因素，就是很好的说明。如果良渚文化下限确在公元前 2500 年，如此和马桥文化之间就出现了数百年的文化空白，这正是和龙山文化相对应的阶段，所以只有弄清太湖流域这阶段的文化真相，才能进而探讨龙山文化和太湖地区同期文化究竟有无关系，目前还缺乏这一前提。

综上所述，龙山文化和辽东半岛、冀东、冀南、豫北地区的文化有着密切联系，而且以龙山文化对这些地区的传播与影

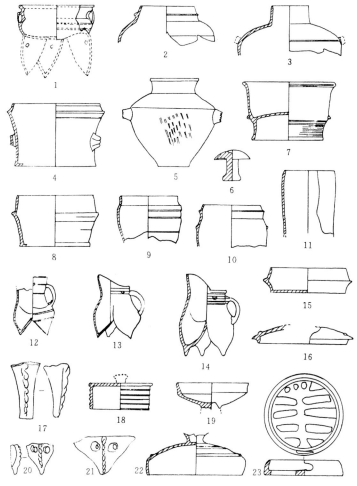

图三〇　后岗类型中的城子崖类型陶器

1.鼎　2、3.瓮　4、8.子母口盆　5.有领罐　6、16、18、22.器盖　7.圈足盆
9.大口缸　10.子母口罐　11.杯　12~14.鬶　15.盒　17、20、21.鼎足　19.
豆　23.箅子（1、6、11、13、15.白营　2、3、4、7、8、10、14、16、22.大
寒南岗　5.台口　9、17、18.19、21.后岗　12.八里庄　20、23.下潘汪）

响为主导。在西南面和王湾三期类型虽互有联系，但以王湾三期类型对龙山文化王油坊类型的影响为主，尤其是在晚期。龙山文化和安徽江淮地区的文化以及和太湖地区文化的关系，目前还不清楚。

（二） 社会经济研究

对龙山文化社会经济的研究虽然远不及对文化的研究那样受到重视，但许多文章都涉及这方面的问题，而且也有些专论。鉴于本课题的性质，论者主要是搜集资料多寡、分析粗细和认识深浅之别，对其发展水平的判断或有所不同，认识并无重大分歧，而是随着资料的不断积累而逐渐深化。目前对龙山文化社会经济的基本认识是，龙山文化是一支稳固定居的农耕文化，总体经济发展达到海岱文化区的空前水平，处于全国同期各文化经济发展的前列。农业和手工业构成社会经济的两大主要部门，商业有了初步发展，生产力长足进步，生产率大幅提高，剩余劳动产品明显发展，产品空前丰富，经济繁荣，而且持续发展，没有大起大落的现象。

1. 农业、饲养业与渔猎

农业是社会经济的基础[55]。农业生产工具由石、蚌、骨制作，以石质农具为主，石农具基本上磨制，农具种类有石镢、石铲、石刀、石镰、蚌铲、蚌镰、蚌刀、骨铲、骨镰等，农具总量和石质农具比大汶口文化明显增多。有人认为龙山文化的玉"牙璋"是祈年拜日的礼器，源自耒耜，耒耜演化为祈年的礼器，说明大汶口、龙山文化已属"耜耕农业"[56]。大汶口、龙山文化存在大量窖穴，墓葬全是长方竖穴，龙山文化已普遍使用水井和普遍修筑城，没有耒耜这种挖土工具是难以想像的。井的普遍存在，肯定也会用于灌溉。粮食作物以粟、黍等旱地作物为主，也普遍种植水稻。杨家圈、庄里西、两城、尧王城和藤花落都发现稻壳、稻谷和米粒，藤花落贝城地带还发现颇具规模的稻田线索。镰的发现虽较刀少，但可能反映了出现无需割取谷穗的作物——麦类作物[57]。龙山文化聚落址有相当数量的窖穴，穴壁都较光滑，底平整，有的还经烘烤、拍打或抹草拌泥，有的底铺木板，少数外沿有柱子洞，应是有顶的"小型仓储"。这些加工规整、考究的窖穴至少有一部分用以储存粮食。三里河有一个大汶口文化的窖穴就曾遗存了1.2立方米的炭化粟，原来很可能是装满窖的，可作旁证[58]。龙山文化有不少陶瓮、缸等大型容器，尤其城子崖遗址出土的容积约0.5立方米的大瓮，可能用来存放粮食[59]。龙山文化继承了大汶口文化已很发达的酿酒业，陶器中有大量的酒器，鬶可用来取酒温酒，已演化成礼器的蛋壳陶高柄杯直接源于饮酒器。酒的大量制造和饮用，说明农业达到了一个新水平。

家畜家禽饲养发达。"马牛羊鸡犬豕"六畜齐备，以猪最多，狗次之，牛羊又次之，鸡、马较少。猪在经济生活中占有重要地位，是人们肉食的主要来源，猪下颌骨仍被用来随葬以象征富有，在所发掘的龙山文化遗址中经常发现大量猪骨，数量占各类动物骨骼之冠。例如鲁家口遗址经鉴定了种属的315件标本中，猪骨有201件，约占64%；狮子行遗址发现似为猪舍的陶畜舍模型。猪还被作为陶器装饰和艺术造型的题材，龙山文化陶器中常见的一种泥质三足盒，以猪脸形为三足，尹家城遗址发现了圆雕小石猪，表明猪已渗透到人们生活的各个领域。龙山遗址出土的动物骨骼，狗骨仅次于猪骨。牛羊饲养

也已流行，鲁家口遗址发现牛骨 30 多件，占全部鉴定标本的
9.5％，姚官庄遗址则多见猪、狗、羊等的骨骼。鸡马骨骼在
遗址中发现较少，但城子崖遗址的马骨多于牛羊骨。鲁家口的
统计资料中有 15 件鸡骨，占总数的 4.8％。龙山文化饲养业
的发展，反映了农业发展到了一个新水平，并把狩猎与捕捞挤
到了更为次要的地位。

70 年代以前，对渔猎在社会经济中的意义看得比较重，
大致认为仍占有重要意义，甚至有人根据镞、矛数量的增多，
得出"渔猎经济不仅没有减弱，相反的更增强了"的结论。80
年代以后认识发生变化，镞、矛主要被看成兵器，表明战争的
频繁。由于农业和饲养业的长足发展，渔猎已不是保障生存所
必不可缺少的经济活动，而成为一种消遣性的、对经济生活起
补充作用和提高物质生活水平的活动。据鲁家口、尚庄的资
料，狩猎对象主要是鹿，还有獐、四不像、獾、貉等。陶、石
网坠、骨鱼镖、骨鱼钩是主要的捕捞工具，源远流长的"竭泽
而渔"的传统捕捞方法仍在使用。经发掘的遗址大都存在鱼
骨、鱼刺、鱼鳞、蚌壳、蛤壳等水生动物遗骸，表明水生动物
构成龙山文化人们食物链的一部分。

2. 手工业

有的学者认为早在大汶口文化中期，海岱文化区就已开始
了第二次社会大分工。到龙山文化时期，手工业得到了巨大的
发展，成为当时强大的经济部门。手工业专门化迅速发展，工
艺技术和生产率不断提高，产品空前丰富，品质优良。对龙山
文化手工业的这种认识是在研究过程中逐步得到的。这方面的
研究，虽然专论不多，但是许多文章都有一定的篇幅进行论述
或详略不同地涉及这方面的内容[60]。论者一般把龙山文化的

手工业分为制陶业、玉石骨蚌器制造业、建筑业、纺织业和冶铜业五类，现把玉器制造单列一业，共分六个专业来介绍。

（1）制陶业

龙山文化制陶业是成就最突出的，达到了古代制陶工艺的顶峰，足以傲视其他文化制陶业的手工业部门学者们对此进行了大量研究。其进步性可概括为以下几个方面：一是技术先进、工艺合理。陶器普遍采用快轮制作，使生产效率大幅提高，制作出了外形规整、器壁匀称、棱角分明、纹饰简洁、令人叹为观止的典雅优美的陶器。原料均经特别处理，并视不同器类而采用不同原料与不同工艺。例如杯、盒类器，采用经过反复淘洗的细泥为陶土，鬶类器多用高岭土，而蛋壳陶高柄杯则采用拉坯与车制结合成型法成型[61]。鬶、圈足器、三足器、某些形态复杂的平底器均分体制作，然后对接，快轮修整。二是烧制工艺复杂。陶器火候较高，一般达到 900℃，而高岭土烧制的白陶在 1000℃ 以上。里表漆黑的黑陶，不仅要作封窑、还原，而且需要经渗碳处理而获得。蛋壳高柄杯则用匣钵烧成[62]，开了两三千年以后用匣钵烧制细瓷的先河。鬶都烧成白、橙黄、红等色彩，在黑陶中格外醒目，对陶色的控制几乎到了得心应手的地步。三是器形丰富多彩，造型极其优美。龙山文化陶器群拥有众多的器类，包括炊煮器鼎、鬶、甗、鬲、斝、甑，饮食器豆、碗、杯、小盆、盘、匙，盛储器瓮、罐、缸、大盆、壶、簋、尊、罍、圈足盘、三足盘、圈足盆、盒，还有形形色色的器盖，共二三十类，各类器又有复杂的型和式，使用功能完备。器类器形之多，达到空前绝后的地步，且器形规整匀称，发达的耳、鼻、泥条、泥突、把手等，配置恰当，器形融实用性、艺术性于一体，美不胜收，有的城址的陶器还透露着宏伟之气。大量的精工黑陶都堪称古陶珍品，尤以蛋壳高柄杯和鬶中的精美者，实属旷世珍宝，就总体水平而论没有哪支文化的陶器制作能出其右。

由于龙山文化陶器的极为精美，50 年代末开始就出现了对其艺术性的专论，本阶段有些学者则对鼎、甗、鬶、蛋壳陶高柄杯等代表性陶器进行了专门研究，而以高广仁、邵望平的《史前陶鬶初论》（《考古学报》1981 年第 4 期）、杜在忠《试论龙山文化的"蛋壳陶"》（《考古》1982 年第 2 期）具有代表性。杜文以大量第一手材料对蛋壳陶高柄杯的分布范围、制作工艺、形态演变与特征、用途和社会意义诸方面进行了系统研究，揭示了蛋壳陶高柄杯产生、发展、衰退的轨迹，并指出它已完全失去实用价值而成为一种礼器。钟华南通过模拟实验与仿制，系统地探讨了这种高柄杯的原料、成型与烧制方法，认为系采用拉坯结合车制成型，用匣钵装置烧制，并在龙山文化陶器中辨认出匣钵。

陶窑发现不多，丁公有竖穴窑与横穴窑两种，丁公陶器制作水平明显低于西面的城子崖遗址和东面淄、潍流域的陶器，不具代表性。有人认为龙山文化制陶技术的高度发展，"当与专业化生产的形成有密切关系"。认为发掘中罕见陶窑，可能暗示"制陶业已脱离了家庭小规模生产状态"。鬶、蛋壳陶高柄杯等高技术器形，没有专门工匠难以烧成。并举出当今山东泗水县的陶乡柘沟镇的一个制陶工场（实为手工业作坊）加以证明。该作坊中工人 20 余人，能熟练掌握快轮技术的只有一两位师傅，能把握窑温和烧成火候者，仅有一人，而其烧制陶器之粗劣，根本不能和龙山文化陶器同日而语。因而认为"龙山文化时期的制陶业已产生了规模较大的手工作坊，并且有在其内部进一步分工的可能"[63]。

（2）石骨蚌器制造业

迄今龙山文化最常见的生产工具与兵器，都是石骨蚌器，石骨蚌器制造业基本上是生产工具与兵器制造业，同生产活动、经济发展与战争息息相关，是仅次于制陶业的重要手工业部门。龙山文化的石器制作，包括选材、打制成坯、琢制成型、磨制成器和钻孔等工序。制作石器时，已根据工具的用途来选择适宜的石料，厚重的石斧多用辉绿岩与闪长岩，扁薄石铲以板状泥灰岩、页岩为多，石锛、石凿则取坚硬的燧石、页状泥灰岩、闪长岩与辉长岩等。形体较小的石器一般通体磨光，大型的石斧、石铲等仅刃部磨光，器身往往留有打、琢时的疤痕。器类主要是斧、铲、锛、凿、刀、镰、镞、矛、纺轮与网坠等。石斧横断面作椭圆和圆角长方形，平面略呈梯形，器身偏上常有凹痕，多斜刃；石锛横断面作长方形，器身以梯形为主；石凿多长方形；石铲以小型居多，扁薄长方形或梯形，单面刃；石镰尖首、拱背、宽尾；石刀长方形或一端略宽，背有双孔；石镞多见，形式多样，以菱形与三角形较多，铤明显，有的有双翼（图三一、三二）。

龙山文化骨器（含角、牙器）常见，主要取材于动物长骨，经劈、切割、刮削和打磨几道工序制成。主要器形以锥、镞、笄、针最多，另有铲、镰、刀、凿、鱼镖、鱼钩、匕、钻和一些装饰品。锥、针、笄大小不同，形式多样，针的制作十分考究；骨镞和石镞相似，呈圆形或三角形，有铤。角器多用鹿角制作，牙器以獐牙与猪獠牙制成，后者仅见锥类器，角牙器数量很少（图三三）。

蚌器亦常见，尤其鲁中、鲁西一带数量可观。如茌平尚庄

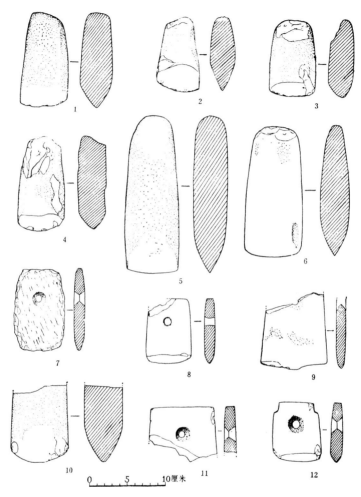

图三一　尹家城遗址出土龙山文化石器（一）

斧:1、2.A 型 I 式 T209⑧:21、H512:11　3、4.A 型 II 式 H512:8、H544:29

　　5、6.A 型 III 式 T322⑧:28、T322⑧:29　10.B 型 H59:5

钺:7、8.A 型 I 式 M144:4、H231:1　9、11.A 型 II 式 T322⑧:20、T246⑧:5

　　12.B 型 H513:17

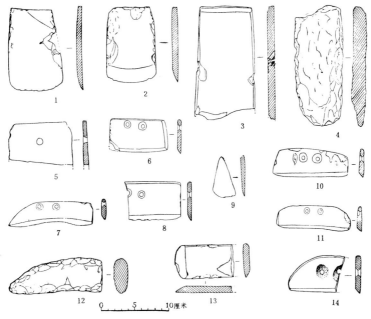

图三二　尹家城遗址出土龙山文化石器（二）

1、2.A 型铲 T265⑧：8、T219⑧10　3、4、5.B、C、D 型铲 H783：5、T302⑧：
29、H777：7　6、8.A 型刀 T277⑧：37、T226⑧：22　7、12. 镰 H73：6、T289⑧：
20　9.F 型刀 T229⑧：17　10、11.C、D 型刀 H28：1、H532：2　13、14.B、E 型
刀 H59：4、T246⑧：4

遗址出土蚌器 99 件，约占石骨蚌器总数的 39%，分别超过了
石、骨器的比例，以至被作为鲁中、鲁西地区龙山文化的地方
特征之一。蚌器包括生产工具和装饰品两类。生产工具主要有
铲、刀、镰、镞。蚌铲用厚大蚌壳制作，前端截去，平直单面
刃，有些器身上部有穿孔；蚌刀系纵断蚌壳中部，两端稍加打
制，在外侧边磨刃，在内中较薄处穿双孔；蚌镰多首尖，尾端
较宽，平面略呈三角形；蚌镞用蚌壳脊背制作，以横断面作三

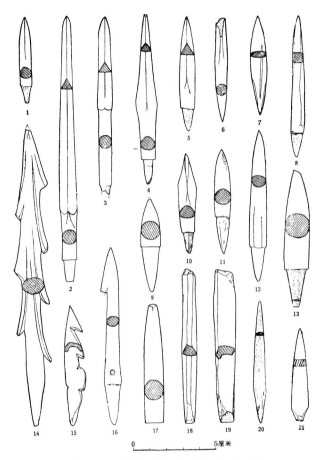

图三三 尹家城遗址出土龙山文化骨器

1、3.A 型Ⅱ式镞 H755：1、H276：10 2．矛 M133：1 4、5、10.A 型Ⅲ式镞 H571：12、H513：4、T255⑧：20 6.A 型Ⅰ式镞 T204⑧：28 7、21.C 型Ⅰ、Ⅱ式镞 H59：8、T229⑧：16 8、20.D、E 型镞 H551：7、H472：33 9、13.B 型Ⅲ式镞 T208⑧：20、H770：1 11、12.B 型Ⅰ、Ⅱ式镞 H575：1、T257⑧：22 14.C 型鱼镖 H537：2 15.B 型鱼镖 H755：4 16.A 型鱼镖 H534：1 17.钻 T209⑧：23 18.B 型凿 H585：2 19.A 型凿 H728：2

角形者居多，有铤。装饰品磨制精致，器形有蚌环、蚌块、蚌
条和蚌片等（图三四）。

（3）玉器制造业

玉器的制作工艺和石器大体相似，但是玉器作为礼器和上

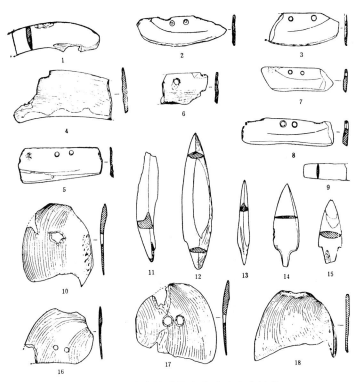

图三四　尹家城遗址出土龙山文化蚌器

1、4.镰 H788：6、H513：6　2、3、7.B型刀 H28：4、T258⑧：17、H544：27　5、
8.A型Ⅰ式刀 H807：1、H234：1　6.A型Ⅱ式刀 H248：2　9.C型刀 H774：26　10、
17、18.B型铲 T322⑧：50、T267⑧：22、H45：7　11. 锥 T198⑧：19　12.B型镞
H48：10　13.A型镞 T204⑧：30　14、15.C型镞 T193⑧：8、H797：5　16.A型铲
T322⑧：45（11～15 为 1/2，余均 1/4）

层社会的装饰物与社会地位的标志物，和石器主要是工具与兵器、骨蚌器中的装饰品主要服务于下层社会的情况很不同。鉴于玉器的这种社会性质和玉的硬度一般较大，因此质量要求更高，制作工艺比石器复杂得多，玉器的技术含量也比石器高得多。这可能使玉器制作较早地成为古代社会一个特殊的手工艺专业，而受到统治阶层和社会上层的重视，匠人未必很多，但更具稳定性。玉器的发展变化在一定程度上反映出社会上层建筑的发展演化。

直至 70 年代早期，龙山文化的玉器发现很少，仅在日照两城镇、安尧王城遗址有所发现。1936 年发掘两城镇遗址时，据说在镇中部偏南的"官厅汪"水坑的南面出土了成坑的玉器与玉材；60 年代又征集到一件刻兽面纹玉斧和一件长方石刀，据说出土于"官厅汪"水坑的西面，和玉器坑相去不远，两者或有联系[64]。50 年代，在安尧王城也曾发现过玉斧等物[65]。据有的文章介绍，上海博物馆、故宫博物院、台北故宫博物院以及美国纽约、华盛顿的有关机构都收藏了日照出土的玉器，似乎日照曾出土了许多玉器。但这些玉器大都缺乏确切的出土时间、地点与出土情况，实际上文化属性不是很明确，难以据此确认龙山文化存在玉器制造业。70 年代后期，三里河 M203 出土了一串右腕饰[66]；尹家城 M139 出土一件玉刀，在地层中出土了一件斧形器与一件玉锛，后两件器高均只有 1 厘米多[67]。出土玉器的范围虽由日照向北向西扩展，但仍难确定龙山文化有制玉业。七八十年代先后在临沂大范庄、五莲、海阳司马台、沂南罗圈峪等地征集、采集到 8 件玉"牙璋"，尤其是 1989 年西朱封 M202、M203 出土了一批精美玉礼器和玉饰，其中镶嵌绿松石的工艺显然承袭大汶口文化的牙雕，竹节纹的装饰和蛋壳陶高柄杯装饰风格一致，而"牙璋"起源于龙山文化或大汶口文化，龙山文化的制玉业终于初露端倪。

龙山文化玉器基本上分属礼器和玉饰品两大类。已见礼器有"牙璋"、玉钺、玉斧和玉刀。"牙璋"，竖长形、端刃、双峰、下端承柄部分两侧出牙，有人称为双歧端刃器。大范庄所出应属龙山最早期，有可能产生于大汶口文化晚期[68]。玉斧作扁平长方形，和石斧形制不同。两城镇兽面纹玉斧墨绿色，长 18 厘米，上宽 4.5 厘米、厚 0.85 厘米，下宽 4.9 厘米、厚 0.6 厘米，不对称双刃，无孔，上部双面均刻兽面纹，纹样不同，刻纹纤细流畅[69]。所见 5 件玉钺，出于西朱封 M202、M203，各呈墨绿、淡绿、乳白色，器形近方形或长方形，双孔或单孔，有的有眉[70]。两城、西朱封、尹家城均出土玉刀，器形呈扁平长方形，长 20～50 厘米左右，背部有多孔。西朱封 M202 的一件墨绿色玉刀，长 21.7～23.7 厘米，宽 10.6 厘米，厚 0.7～0.8 厘米，有 4 圆孔[71]。这里还曾采集长约 50 厘米的 7 孔玉刀[72]。两城和兽面纹玉斧同时出土的石刀（原报道称石铲），长 48.7 厘米，宽 12～15 厘米，厚 0.5 厘米，背部有 3 孔较大，下部一角又有一孔，较小，形制和玉刀一致，包括那些同玉斧形制一致的扁平石铲，或原本是玉材制作，日久风蚀，或就用石料制作，但和玉刀、玉斧的性质功能相同，制作工序一致，应归属制玉业的产品。

龙山文化的玉饰品已发现串饰、冠饰、笄、环、璇玑（又称牙璧）等。三里河 M203 的一串右腕饰，由鸟形、鸟头形、长方形、半月形玉件和玉珠组成，是按下脚料的原形加工成相应器形的，既说明人们对玉的重视，也反映出工匠的艺术素养[73]。而西朱封 M202 出土的笄形冠饰，系由冒、笄组合而成，冒部似佩形，乳白色，通体透雕成似夔龙组成的兽面纹，下部两侧在双面的同一位置对称镶嵌一小粒绿松石，似双眼；笄部作扁圆棒形，饰竹节纹，上中下又饰四组显著凸出的方正凸棱，顶端有卯，插入冒部下侧之中，衔接纹丝不动，犹如整块玉材制成，通高23厘米[74]。竹节纹、镂孔的装饰和蛋壳陶高柄杯一致，可以肯定是龙山文化的玉匠所制。同出的玉笄，白玉，半透明，笄首如抽象化的人形，有冠、有头、有颈，透雕而成，长身，弯向一侧，手卷向内；细看，人身部分又似两人弯曲连接在一起，两侧各雕出人面纹；笄身上部一侧，又有一人面凸出[75]。这不仅是龙山文化、而且也是史前时期最精美的玉器之一，即便用今天的标准去衡量，也不失为玉器珍品。说明龙山文化不仅存在制玉业，而且它的高超技艺完全可以同其精湛的制陶术媲美。目前龙山文化出土玉器不多，大概是发掘的大墓很少之故。真正堪称龙山大墓的只有西朱封的三座和尹家城的两座墓，上述西朱封两墓在其内，这两墓都有玉礼器和精美的玉饰。龙山文化制玉业应是个专门服务于最高权贵集团的特殊的手工业行业。

（4）建筑业

自1973年以后，先后在东海峪、呈子、尧王城、杨家圈、尚庄、尹家城、西吴寺、栾台、丁公、藤花落等地发现了形制不同的龙山文化房址，使人们对龙山文化住房的知识日渐扩大。1984年以后，山东地区龙山文化城址不断发现，又使人们对龙山文化的城开始有了认识。自70年代晚期以后，人们对以住房和城为中心的建筑进行了研究，此后的不少文章对此都有所论述[76]。但除了个别专论以外，都是概括的一般性论述。论者一致认为龙山文化建筑取得了重要进步，有的则把住房和城的建筑看成龙山时代的"许多重大发明和成就"之一，把龙山文化住房和城的建筑，提升到手工业的一个行业，明确提出了龙山文化的建筑业。90 年代中期，又有人对山东龙山文化城进行了比较系统的研究，90 年代末，藤花落龙山文化城的发掘提供了筑城技术和房子建筑的重要新资料，使我们对龙山文化存在建筑业及其状况有了更多的证据与认识。

龙山文化的建筑业主要体现在住房建筑和筑城两方面。住房形制多样，不同地区、不同规格的建筑技术各异。就地基而言，有半地穴式、地面式、低台式和高台式建筑四类。前两类承袭大汶口文化，尧王城、丁公都有这两类房子。但尧王城用大型土坯砌墙，有的室内地面亦铺土坯，西部、西南部地区也有用石灰敷抹房内地面的新技术，在王油坊还发现了烧石灰的石灰窑。东海峪三次发掘所见基本上都属缓坡低台式建筑，台基最高 30 厘米左右，分层筑成，室内地面略低于台基最高面，室外有四坡，利于散水，房子平面均方形单间，门都向西南，房子也按东北、西南向成排排列，相当密集；用湿泥块夹杂一些石块在台基面上直接堆叠成厚墙，局部墙基挖有浅槽。地面建筑和低台建筑可能是龙山文化住房的主要形式，尤其是在一些小城内。连云港藤花落小城，已揭露大批房址，基本上属于低台和地面建筑两大类，但这里的低台面积达数千平方米，是大批房子共同的台基。这里无论是地面与低台建筑，平面大多作方形或长方形，有单间、双间和三间，且有回廊式建筑，不少附有小灶间，犹如后来的厨房，流行木骨泥墙[77]。高台建筑已见于教场铺、景阳岗、定陶仿山、曹县春墓岗等遗址。这些大规模的龙山文化城和大遗址中的宏大台址，面积都从 1 万平方米左右到 10 余万平方米，高达五六米，夯筑而成[78]。因其规模宏大，人们往往以祭坛视之，实际上龙山文化城中的这些大台址，基本上是大型殿堂建筑群的台基。对景阳岗龙山城的勘察及对其大小台址之间的试掘，初步证明居西的大台址可能是宫殿建筑群基址，居东的小台址是祭祀遗迹，地层现象表明其上本有大型建筑物[79]。构筑这些殿堂建筑群非普通社会成员的半地穴式和地面建筑能比，尤其是梁架结构和屋顶处理，需要专门技术与经验，没有专业建筑队伍就不可能建造这类大型建筑群。

龙山文化城的发现在 1984 年才取得零的突破，20 世纪 30 年代初发现的城子崖"黑陶文化期城"并不是龙山城，而是岳石文化城，以此为对象的龙山文化城的研究，自然毫无意义。龙山文化城自 80 年代中期开始不断发现以后，边线王、城子崖、丁公、景阳岗、藤花落城的城垣或基槽都已作过正式解剖，在勘察中对田旺、尚庄、王家庄等龙山文化城的城垣也有所了解，但资料都没有正式公布，所以 90 年代前期以前对龙山文化城的研究，基本上停留在城址形状、规模和城垣夯土层、夯窝等情况的一般性介绍，特别是主要局限于社会意义的分析，很少从建筑技术的角度进行考察。而这方面的考察研究至少应包括城的选址、形制，城垣的建筑技术和结构，城门结构与城内基本布局等方面。张学海在《文物》1996 年第 12 期发表了《试论山东地区的龙山文化城》一文，系统介绍了当时山东 14 座龙山文化城的发现过程，把这些城纳入所在聚落群中进行考察，按其在群体所处的地位，分为两个等级；对这些城的形制、城垣建筑技术、城的性质功能和社会意义等方面进行了比较系统的研究。就建筑技术方面来说，该文首先把这些城分为"台城"和通常的城两类。台城即台形的城，城垣外高内低，外观高墙耸立，内看如土岭围绕周围，城垣内侧成缓坡或矮墙。城垣由条块版筑法与堆筑法结合筑成。条块版筑成的夯土层规整，层厚一般 7 厘米左右，夯痕呈圆弧形，用单根夯或束棍夯筑成。堆筑城垣的夯土层极不规则，大部向内侧或两侧倾斜，夯层面积不大，一片片互不连贯，互相交错叠压。同一层的厚薄悬殊，厚数厘米到二三十厘米，实际上其中都包含着许多薄层，系边堆土边夯筑而成。这些小薄层夯筑较轻，不易辨认；厚层表面则经较强夯打，所以厚层层面坚硬，易于辨认。始筑的城垣一般不挖基槽，而直接在地面上修筑，紧贴外城根取土，取土沟即成为城壕，其内壁和城垣外壁基本成一体，从而加高了城垣外壁的高度。或依河沿、沟沿修筑，这种情况要对河沿、沟沿作适当修整，从沿下上筑，筑至沿头再扩到沿内地面，继续上筑。城子崖龙山城北垣东段的探沟显示，城垣系依河崖修筑，先用堆筑筑成两面坡形的城垣，然后贴外坡用版筑筑成外侧城垣，夯土层匀称规整，外壁收分很小，水平高约 7 米；内壁呈小斜坡，坡顶至坡根空间距离 4 米，水平高 2.5 米。墙基宽 14 米，墙顶宽 7 米。景阳岗龙山城城垣外侧宽 1 米左右的部分系用版筑，外壁陡直，其内的城垣用堆筑，夯层内斜，不规整，可能自外而内逐层上筑，其北门东侧的城垣也发现版筑的痕迹。城筑成以后，常常视地形或贴外壁或贴内壁进行修筑。这种修筑一般都先对城根堆积稍作清理，形成半斜壁沟形的"基槽"。新筑城垣的墙基一般都高于原先的墙基。不断的修筑使墙体逐步加宽增高。

由于台城城内城外地面高低悬殊，无法采用通常的以城垣缺口为门道式的城门，必须在城垣缺口外修筑斜坡形的门道。经试掘城子崖龙山城南门坡道西沿有墙，墙西为城壕，墙东有房子遗迹，应是门卫建筑，东侧应有对应的门卫房，中间构成门道。张学海认为这种台城可能是龙山文化城的主要形制，具有对地形适应性强、修筑省时省力、防御性强（城内随处可上城顶，城顶可居住，实际上属于城内的一部分）等优点，是在当时的生产力条件下，适应大量筑城和修筑大规模城的需要的产物。其缺点在于城内地面不平，周围高中间低，排水困难，城内易积水，所以毕竟还不是很成熟的城。

通常的城城垣耸立，城垣内外高度和城内城外地面都一致。推测边线王城属这类城，城仅存城垣基槽，没有城濠，基槽作 V 形，槽口一般宽 7～8 米，槽深 4～6 米，槽内夯土夯层厚 5～15 厘米不等，四面各一门，门道处只剩生土，隔断基槽，知门预先规划。由基槽和门道知城垣高耸于平地上，这种内外高度一致的城垣只能用版筑筑成。当时还不知采用桢干，而用条块版筑，费时费工，不适应大量筑城和修筑大规模城的需要，所以通常意义的城在龙山文化城中可能只占很少数。但龙山文化的条块版筑法承袭仰韶文化的方块版筑法，已更为进步。城的普遍出现和修筑了大规模的城，城形成不同的等级，以及方法的改进，说明龙山城发展到建城史的新阶段，同时表明应该存在筑城的专业队伍。

上述资料证明，龙山文化确实存在以统治集团大型殿堂建筑群、上层社会住房和以筑城为主要任务的比较先进的建筑业，而且可能形成了建造住房与筑城的分工。

（5）纺织业

80 年代初，有人也曾把纺织业列为龙山时代的重大成就之一。但限于资料，对龙山文化的纺织业甚少研究，知之不多。90 年代初，有人以纺轮和骨针为据，说明龙山文化纺织业的发达。自 60 年代以来，在一些遗址中发现了大量的纺轮，无论数量、质量和形式的多样，均为大汶口文化所难以比拟。例如尚庄遗址的大汶口文化层仅出 2 件纺轮，龙山文化层则出 42 件；鲁家口大汶口文化层出 2 件，龙山文化层则出 25 件；姚官庄出龙山文化纺轮刃多件，尹家城出 132 件。龙山文化纺轮基本是陶纺轮，石纺轮很少，大多比较轻巧、精致，形式纷繁，而以底面平、表面中部微凸的钹形扁薄纺轮为多。

在龙山文化陶器的器底时见布纹，西吴寺所出陶器布纹颇多（图三五）。姚官庄所出布纹每平方厘米经纬线 10 至 11 根，比大汶口文化器底的布纹紧密，但无法和良渚文化、齐家文化每平方厘米经纬线达 20×30 根、30×30 根的水平相比。不过垫陶器的麻布一般不是纺织精品，不能代表龙山文化的纺织水平。发掘中还屡屡发现小巧纤细、通体光滑、上端有细小穿孔、针尖锋锐的骨针，一定程度地反映出缝纫技术的水平。现有纺织缝纫遗存表明龙山文化纺织业在大汶口文化的基础上有了长足的发展，但未能反映出龙山文化纺织业的真正水平。纺轮以轻巧为主，也许反映了所纺之线的纤细，今后将会发现经纬度密度更大的织品。

(6) 冶铜业

龙山文化产生了新型的手工业——冶铜业。1975 年首先在胶县三里河遗址发现了两件铜锥形器，经北京钢铁学院冶金史组鉴定，均系铸造而成的黄铜器，锌的平均含量达 23.2%，还有铅、锡等成分，其"所用原料是不纯的，熔炼方法是比较原始的，因此很可能是利用含有铜、锌的氧化共生矿在木炭的还原气氛下得到的"。并认为潍坊、临沂和半岛地区，铜锌或铜锌铅共生矿十分丰富，而山东龙山文化的烧窑技术已具备冶

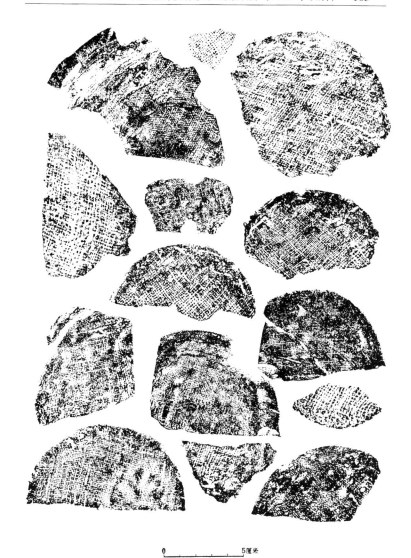

0   5厘米

图三五　西吴寺遗址龙山文化陶器器底的布纹

炼黄铜所需的还原气氛和温度条件．在进行了多次模拟实验后，得出"早期黄铜的出现是可能的"结论[80]。但当时也有人认为黄铜问世较晚，这两件黄铜锥不应肯定为龙山文化之物[81]。1978 年在诸城呈子遗址发现铜片，1979 年在日照尧王城遗址出土一些铜渣，1981 年在栖霞杨家圈遗址出土一件残铜条、一些铜渣与炼铜原料。此外，临沂大范庄遗址曾出土铜渣，长岛店子遗址出土残铜片，鹿邑栾台出土铜块。出土范围自鲁东南沿海，北达山东半岛和渤海之中的长岛，西抵豫东。泗水尹家城出土的岳石文化铜器有镞、刀、锥、环与铜片等共14 件，其中经过鉴定的 9 件，6 件属青铜，3 件为含锡量在2% 以下的红铜，多数在冶铸之后加以锻打。尹家城岳石文化的陶器和下层的龙山文化陶器具有继承性，器物类型学分析和其他地区岳石文化碳十四测年表明，两者仅有 100 年左右的间隔。实际上尹家城聚落可能没有间隔，属于同一人群不同阶段的文化，这里岳石文化青铜小件的成批发现，可以间接证明该遗址或泗河上游地区龙山文化时期已有冶铜业。

早在龙山文化以前 1500 年，我国先民已认识铜这种金属物质。人们认为龙山文化具有高超的烧陶技能，能自如控制炉温与火候，具备了冶铜所需的高温条件，而山东铜矿资源分布较为普遍，因而至少在龙山文化后期已兴起了冶铜业，代表了一种崭新的生产力的诞生。

龙山文化手工业生产技术的改进和专门化的发展，不仅大大提高了生产效率，使制陶业、石骨蚌器制造业等的产品空前丰富，而且也使手工业者阶层日益扩大，并更加稳定化，他们的产品已是或部分是商品生产，尤其制陶业、石骨蚌器制作业和纺织业是如此。每个家庭的衣食住用，不再完全依赖"自给自足"，或靠氏族、家族帮助解决。龙山文化的商品交换已得到重要的发展，很可能已出现了原始商业。

（三）社会习俗研究

龙山文化社会习俗研究起步较早，但主要着力于葬俗方面的研究，而且基本上是为了说明文化面貌或社会变化而对葬俗的介绍、分析和综合，缺乏深层次的研究[82]。随着龙山文化田野考古的发展和资料的不断公布，这方面的研究已取得重要成果。1936 年两城镇第一次清理了龙山文化墓地，但此后将近 40 年再未发掘龙山文化墓地。从 1973 年开始，才先后对大范庄、东海峪、尧王城、三里河、呈子、尹家城遗址的墓地进行了发掘，各遗址清理的墓葬从 26 座（大范庄）到 100 余座（三里河）不等，加上其他遗址所清理的零星墓葬，累计已达 600 余座。这些墓葬在葬俗方面表现出很强的一致性，根据有关论述和资料，概括介绍于下。

龙山文化墓葬都是竖穴土圹墓，东西向，但绝大部分方向有点偏，正东西向的墓很少。都是单人一次葬，偶见二次葬。仰身直肢，偶见屈肢葬与俯身葬。头向或东或西，但各个墓地的头向基本一致。例如两城大部分墓头向东偏南，向西的仅一墓；在其西南 20 余公里的东海峪墓地头向西北；大范庄墓地头向东偏北；三里河墓地头向西偏北，一般在 280°～300°之间；尹家城墓地较早的墓头向多在 90°左右，较晚的头向东偏南，大于 95°，以 105°左右最多，另有两座南北向墓，头向南。西吴寺遗址中零星发现的 5 座墓，头大都向东，其中 5 座有器物的墓在 90°左右。

葬具有木椁、木棺、器物箱、石棺等，有无葬具视墓葬规格而定。大墓目前只发现8座（西朱封3座，尹家城5座），均有棺椁，其中有两座重椁一棺，两座有边箱，内有一座还有脚箱，置于内外椁之间；中型墓普遍有椁，个别墓还有棺；小型墓没有棺椁。东海峪墓地用石棺的比例相当大，而少见木椁木棺。

随葬品基本上只用陶器，极少见装饰品和生产工具。例如尧王城清理的39座墓中有随葬品的14座，只有一墓出一件纺轮，另一墓有一件已朽蚀的蚌器；三里河100余座墓中只见一墓有一件纺轮；大范庄的26座墓共出随葬品760件，陶器占725件，石镰、石铲等石器只有19件；其余为骨镰、獐牙、兽骨等。随葬陶器以实用器为主，明器很少见；早中期的大中型墓流行蛋壳陶高柄杯随葬，一般一墓1件，有的2件，大墓4件、6件。獐牙、猪下颌仍为少数墓的随葬品。玉礼器、玉饰几属大墓所专有，目前出玉器墓只有5座，所见玉礼器主要是钺、斧和大型刀，未见璧、琮、璜等器。

大中型墓流行棺椁，继承了大汶口文化的葬俗并得到重大发展。利用边箱、脚箱放置随葬品开了这一葬俗的先河。有的死者手持獐牙，有的用猪下颌骨随葬，保存了大汶口文化葬俗的遗风。蛋壳陶高柄杯已成为随葬的专用礼器。

从有的墓葬中得知龙山文化仍残存拔除门齿和枕骨人工变形风习。

流行占卜习俗。尚庄、丁公、史家、高皇庙遗址都出有卜骨，早年在城子崖也有发现，均以牛、羊、鹿的肩胛骨整治而成，只烧灼不钻凿。

在临沂大范庄、海阳司马台、五莲的一处山上和沂南罗圈

峃山坡的石缝中（见《考古》1998 年 3 期），都曾出土"牙
璋"。目前"牙璋"只见于山东东部地区，但均非正式发掘出
土，出土情况不明。大范庄的两件由当地农民采集于 1973 年
发掘的墓地处，所清理的 26 座墓最初定为大汶口文化末期，
后据东海峃"三叠层"，知基本上属龙山文化早期，同东海峃
"三叠层"的中层墓一起均属最早的龙山文化墓葬，"牙璋"有
可能是某墓之物，可认为是目前最早的"牙璋"。但其余的
"牙璋"似均非墓中所出，尤其五莲那件和沂南的 4 件出于山
坡石缝的"牙璋"，出土地点不是遗址，也许为其用途提供了
线索。"牙璋"可能起源于龙山文化或大汶口文化，后来西传
至黄河中游地区，陕北神木曾出土大量龙山文化晚期的玉"牙
璋"。至夏商周三代，四川广汉三星堆遗址则有大批出土，形
式纷繁，制作精致，并在一件刻画玉"牙璋"上刻有人持"牙
璋"祭祀的画面，应为龙山文化"牙璋"是瑞玉提供了证据。
这种又被称为"刀形端刃器"、"双歧端刃器"或"耜形端刃
器"的瑞玉，有人推测系由末耜演化而来，是祈年拜日的礼
器[83]。虽然龙山文化"牙璋"的渊源、性质和功能尚待深入
研究，但是多处遗址与地点出土了 8 件"牙璋"，证明龙山文
化存在以"牙璋"来进行某种祭祀活动的习俗，同卜骨一道反
映了龙山文化人的神灵崇拜。有人认为西朱封玉冠饰首部和两
城玉斧等的刻纹图案是"神像"或"神徽"，可能和大汶口文
化陶缸上一类具有"介"字形顶的图符以及良渚文化的玉冠饰
有渊源关系，"是一种'神灵'（包括祖先神灵、动物神灵）崇
拜之偶像，一种地位与权力的标志物"。同时也反映了海岱少
昊族群以鸟为图腾的史实[84]。还有人认为龙山文化崇尚龟灵、
犬牲，但目前资料不多。

（四）族属研究

在介绍龙山文化族属研究的状况之前，需要首先提到五四运动以后所谓新史学的一些著名观点。杨向奎在 20 世纪 20 年代初期提出夏民族起源于东方，1937 年发表《夏民族起源于东方考》[85]，认为夏代中期以前，夏启以后，夏的政治中心在今山东地区，势力西达河北、河南，夏代晚期才移居河东伊洛地区，东方仍有其孑遗。1933 年，傅斯年发表《夷夏东西说》，提出"三代及近于三代之前期，大体上有东西不同的两个系统。这两个系统，因对峙而生斗争，因斗争而起混合，因混合而文化进展。夷与商属于东系，夏与周属于西系"[86]。同年，蒙文通发表《古史甄微》，把中国古代居民分为三大民族，即河洛民族、海岱民族和江汉民族[87]。1941 年，吕思勉《先秦史》问世，他在"民族原始"一章中，结合当时全国各地的考古发现，评述了清末以来关于我国民族起源问题的多种观点，认为三代"以嵩高为中，乃吾族西迁后事，其初实以泰岱为中……李济谓城子崖之黑陶，皆实起自沿海。何天行谓城子崖及杭县黑陶，不及日照所出。施昕更亦谓杭县黑陶传自山东，时代较晚。可见汉族缘起，必在震方也"。同年，徐旭生写出《中国古史的传说时代》一书的初稿（1943 年出了第一版，1960 年由科学出版社出版了增订本），提出中国古代部族三集团说，即华夏（炎黄）集团、东夷集团和苗蛮集团，并认为还可细分出三个亚集团，其中靠近东方的亚集团是"混合华夏、东夷两集团文化，自成单位的高阳氏（帝颛顼）、有虞氏（帝舜）、商人"[88]。上述学术观点一直影响着东方古史研究。

20 世纪 50 年代以前，学术界对龙山文化的族属虽有所研究，但当时仍处于泛龙山文化阶段，还不可能提出龙山文化的区系问题，因此当时还不具备探讨龙山文化族属的条件。60年代开始，龙山文化作为典型龙山文化或山东龙山文化走向独立研究的轨道，探讨其族属成为一个课题。1963 年，刘敦愿在《山东大学学报》发表《古史传说与典型龙山文化》一文[89]，提出典型龙山文化是以太昊、少昊为代表的东夷族的原始文化。他说，山东是古代东夷族的聚居地，山东又是典型龙山文化的主要分布区，典型龙山文化应该就是古代东夷族的一种原始文化遗存。他考证了山东原始时代末期的主要居民是以太昊、少昊两族为主的风姓集团，认为太昊氏以龙纪，少昊氏纪于鸟，其原始意义就是以鸟、龙为氏族图腾。实际上太昊氏也纪于鸟，不以龙纪。该文认为原始商族、有虞氏、赢姓淮夷诸侯与东夷族有密切关系，商族的始祖母有娀氏之女简狄可能在山东济宁县一带，原始商族可能是山东夷族的一支，后来族类繁衍壮大，才逐渐由山东发展到了河北地区。有虞氏与原始商族有关系，有虞妫姓，妫姓即徐中舒所说为姓。为，甲骨文从爪从象，作服象之形。有虞是以象为图腾的氏族或部落，处于黄河中游，分布区亦可能到山东地区，与古代东夷族有一定关系。遂、陈两国同为舜后，遂国，《左传》杜注说在"济宁蛇丘县西北"，江永《春秋地理考实》认为在"今兖州府。宁阳县西北三十里有遂乡，与济南肥城县接界"。又郭沫若考证帝舜和《山海经》的帝俊、卜辞的高祖夒应是一人，暗示了虞商两族的关系。他认为原始商族既可能源于风姓集团，有虞氏与两昊自然不无瓜葛，孟子所谓舜是东夷人可能有根据。

刘敦愿指出，淮水流域是东夷族的另一中心，周代的淮

夷、徐戎、群舒等嬴姓国家是东夷族后裔，和山东风姓诸侯关
系既十分密切，又错综复杂。两族的杂处，是历史时期的事，
更早的时候是风姓，嬴姓系后来，淮夷可能因时因地而有不同
内容。淮夷初义就是鸟夷，潍河实即淮河，因鸟夷始居此地而
得名。后来淮夷沿沂泗移动，分族居于今淮河流域，地名随族
转移，故南方亦有淮（潍）水。其后嬴姓诸族代兴，承袭原地
名而名其族，在商周时代亦沿沂泗进入山东，并与风姓融合，
势力强大，此后南淮（潍）水因而著称，山东的潍（淮）水反
而不甚为人注意。西周初期，"淮夷、徐戎并兴"他们是山东
风姓旧族还是自南方迁入的嬴姓部落或部族，尚难断定。刘敦
愿认为古史传说与典型龙山文化的时空具有一致性，所以龙山
文化是东夷族的原始文化。

　　刘敦愿《古史传说与典型龙山文化》一文对有关古文献进
行了比较系统的梳理，综合了古文字研究成果，功力颇深，尽
管一些具体结论尚难定论，但许多论述具有启迪性。当时尚未
确认大汶口文化，更不知它和龙山文化的传承关系，但此文得
出的典型龙山文化是以太昊、少昊两族为代表的东夷族文化的
基本结论是正确的，代表了六七十年代龙山文化族属研究的水
平。此后至 70 年代晚期，龙山文化族属研究基本上处于停顿
状态。

　　1982 年严文明撰成《胶东原始文化初论》[90]，1985 年、
1989 年又先后发表《夏代的东方》与《东夷文化的探索》[91]，
论述海岱地区自北辛文化到岳石文化都是东夷文化。他在后一
文中分列"为什么要研究东夷文化"、"东夷文化的始原"、"夏
代东夷文化的发现"、"商代东夷与珍珠门文化"、"齐东野人的
足迹"五部分，系统论述了东夷文化。文章开头引《礼记·王

制》"东方曰夷"，指出在"蛮夷戎狄"中夷人文化的发展水平曾经最高，势力曾最强，同华夏族的关系最密切，早在战国末年就已完全被华夏族融合或同化，以至太史公在编撰《史记》时已无法对东夷历史进行系统阐述。《后汉书·东夷传》保存了一些重要史料，但语焉不详，难以深入了解东夷文化。20 世纪 30 年代以来，蒙文通、傅斯年、徐旭生、王献唐、张立志和李白风等都对东夷历史作过专门研究，对我们有很大启发。但史料欠缺、分散，真伪难辨，用力虽多，对整个东夷的历史及其文化仍然缺乏基本的了解。因此要想揭示东夷历史的本来面目，把东夷文化推进到一个新境地，最有效的办法莫过于进行全面而系统的考古研究，并尽可能同古文献研究相结合。这种工作虽然很复杂，但求得两者大致相合，并非十分困难。严文明《东夷文化的探索》一文，在"东夷文化的始原"部分，指出山东和苏北徐海地区构成以泰沂山系为中心的独立地理单元，史前文化具有独立的性格，自成发展体系。这里的北辛文化、大汶口文化、龙山文化一脉相承，和中原地区的磁山文化、老官台文化、仰韶文化、中原龙山文化体系相比，各自的文化特色始终都很鲜明，史前文化分属各不相同的两大系统，两地的居民当属两个不同的体系。大而言之，中原史前居民属华族，山东史前居民则属东夷族系。山东以北的辽阔的东北地区，史前文化始终构成独立的文化区，两地史前文化的联系主要表现在胶东半岛与辽东半岛之间，尤以两个半岛之间的长山群岛与庙岛列岛最为明显，但其主导方向是由南向北，影响不超过辽东半岛，那里的史前文化同山东的差别，远大于山东同中原的差别，其居民不可能属于东夷族系。严文明认为江苏淮安青莲岗遗址的出土物，有些和徐海地区接近；豫东、皖西北属大汶口文化，到龙山时代，这里中原龙山文化因素更为明显，看来当地古文化与居民族系变化较大。安徽南部地区的薛家岗文化和江浙地区的马家浜、崧泽、良渚文化系统，和山东文化区的差别就更大了。所以山东史前文化区的范围同山东丘陵的自然地理区域基本相合，山东史前文化同周围史前文化的关系也是明确的，因此山东的史前文化从新石器文化起，即从北辛文化、大汶口文化到龙山文化的整个时期，都应属于东夷远古文化系统。其南边的淮河流域尚不清楚，现有资料表明两者文化关系密切，似可构成一个文化亚区或亚系统。此后这里为淮夷的主要活动区。山东本部也存在一些子系统。胶东的地理位置比较特殊，史前文化的地方色彩浓一些，但在谱系上仍只能算是山东史前文化中的一个子系统。

东夷的先祖有太昊、少昊，可能还有蚩尤的九黎集团。少昊集团及其后人已遍布汶、泗、沂、沭、潍、淄流域，太昊集团似略偏西南，太昊的时代应在大汶口文化晚期，因为在这时大汶口文化才到达"太昊之墟"的淮阳一带，其后人既多在山东，说明有北迁的趋势。蚩尤原起于"少昊之墟"曲阜一带，后来向西北发展，才和华夏族的黄帝相遇，被杀于"中冀"或"冀州之野"，中冀可能指冀州中部，地当今河北省中部。涿鹿之战是华夏族系同东夷族系的一次大斗争，在考古遗存上表现为两大史前文化体系的激烈碰撞。山东西部与河北、河南交接地带新石器文化往往受到东西两方面的深刻影响，应是这一历史实际的直接反映。

严文明的《胶东原始文化初论》与《东夷文化的探索》两篇论文着重论述了岳石文化的发现与基本特征，指出它是夏代的东夷文化，并认为半岛地区的岳石文化是嵎夷和莱夷文化。

而《夏代的东方》一文，顾名思义是专门论述夏代东夷的历史状况的，从而对以山东为中心的东夷文化作出了最为系统的论述，基本上从总体上解决了山东史前文化和岳石文化的族属问题。尽管他把王油坊类型的族属划为中原系统，有人对岳石文化的族属也还有不同认识，但其基本观点为考古界绝大多数人所认同。

在严文明从总体上研究山东史前文化和岳石文化的族属问题以前，鲁西鲁西南龙山文化的族属已受到关注。1978年，吴秉楠、高平（即吴汝祚、任式楠、高广仁、邵望平等五人）发表《对青堌堆与姚官庄两类遗存的分析》[92]，认为鲁西梁山青堌堆龙山遗存与姚官庄为代表的一类遗存分属不同文化类型，青堌堆和鲁西南、豫东的造律台类型（王油坊类型）一致，并改称青堌堆类型。认为其分布范围正包括王国维等学者依据文献考证所指出的商人故地的主要部分，青堌堆类型很可能与先商文化有关。80年代以后，论者指出青堌堆和王油坊类型不同，不属同一类型〈参阅本册五（一）第4点"地方类型研究"〉，但该文首先提出了王油坊类型和先商文化有关的观点。

1980年，安金槐在《试论河南"龙山文化"与夏商文化的关系》一文中[93]，持相同观点。他说，豫东豫北地区"龙山文化"的陶器特征是类同的，和鲁西南、冀南也是相似的，应属于同一类型，而与豫中豫西的龙山文化有着明显的区别。"这种现象绝对不是地域性差异，而应是与不同族别之间的生活习俗有着密切关系。"豫东、豫北、冀南、鲁西南地区是商族先公曾经活动过的地区，商丘和安阳都是他们的重要活动点，永城王油坊、黑堌堆、汤阴白营龙山文化的碳十四测年都在夏代纪年范围内，"因此豫东和豫北地区的龙山文化遗址，可能是商族的文化遗存，亦即相当于夏代时期的先商文化遗存。"从而把鲁西南和豫东地区的龙山文化明确定为先商文化。但后来研究的深入，得知包括鲁西南、豫东在内的龙山文化的下限年代在公元前2000年左右，约当早夏，豫北冀南地区的后岗二期文化的下限年代大致相同，因此从年代来说，不能认为豫东、鲁西南地区的龙山文化是相当于夏代的先商文化。

1983年，李伯谦在《文物》第4期发表《论造律台类型》，勾勒了造律台类型的大致范围：北到河南濮阳以东的山东东平、梁山一带，西不超过今京广铁路，东达山东济宁、江苏徐州、安徽宿县以西地区，南面不甚清楚，淮阳平粮台、沈丘乳香寺仍属该类型，继续往南可能到达淮河以北的颍河、汝河下游地区。他分析此类型具有多种文化因素，应当被视作一支独立的考古文化，并对其族属进行了探讨，基本上遵从徐旭生的观点，认为造律台类型是有虞氏的文化。舜的后人胡公封于陈（在今豫东淮阳），古史家多主张有虞氏与东夷关系密切，而造律台类型确有不少来源于大汶口文化的因素。舜所信用的皋陶、柏翳均为东夷族人，舜的活动地点均在太昊族聚集之地，悉在海岱河济之间。李伯谦因而认为"从年代、分布地域和文化特征分析，造律台类型可能就是传说中的有虞氏文化"。"这一推测，较其为先商文化的论断应该更近情理些"。

王油坊（造律台）类型之为有虞氏、先商文化，目前仍为一些学者所遵从。例如栾丰实《东夷考古》认为，太昊部族中的相当一部分进抵皖北、豫东，"形成了大汶口文化尉迟寺类型，后来又被有虞氏继承下来，发展为龙山文化王油坊类型，这一支系，实为商人之祖先。商人的许多文化传统，如龟灵、犬牲、殉人、嗜酒等均是从其祖先处继承下来的"[94]。

1997 年，张学海发表《东土古国探索》[95]，提出山东西部古大野泽、雷泽以北的梁山、郓城、鄄城到阳谷、河南范县一带的龙山文化，可能是有虞氏的遗存。其理由是：《孟子》、《尚书大传》、《史记·五帝本纪》等书所记舜"耕渔陶作"的地点，凡大致可考者都在这一带。其中雷泽在今鄄城县东南境，黄河在本区西北面，顿丘在河南清丰县西南，邻近鄄城西境，负夏应在春秋卫国北境到东北境一带，离顿丘不会很远。寿丘，历来传说在曲阜。这样大致勾勒出东南到曲阜，南到鄄城东南境，西到河南清丰县西境，西北到黄河边，东北大体至济水两岸，以春秋卫国东部地区为中心的一个地理区间，处于冀鲁豫交汇地区东南部的山东一方，和其以河南濮阳为中心的颛顼高阳氏东西为邻，靠近商人先祖的活动中心漳河地区。这与高阳氏、有虞氏、商人三者有密切关系文献的记载完全相符。又《淮南子·本经》所说"舜之时，共工振滔洪水，以薄空桑"，含有舜居空桑之意，这和《吕氏春秋·古乐》所说"颛顼生自若水，实处空桑"，信息相通。空桑即穷桑，是东方集团前沿地带一个极重要的据点，历来说在鲁国北部或就在曲阜，应以鲁国北部更近事实，可能就在阳谷县一带。这里有个龙山文化聚落群，群体中心景阳岗遗址是座大规模的龙山城，面积约 38 万平方米，城内有大小两台并立，大台面积约 9 万平方米，小台 1 万余平方米，是宫殿礼仪建筑基址，是目前黄河流域规模最大、规格最高的龙山时代城。另外已发现两座二级城，还有一批一般遗址，群体的聚落已形成"都邑聚"的金字塔形结构，已是阶级社会。可以肯定这里是个古国，按聚落分布范围面积达 2800 平方公里。其文化面貌具有龙山文化与后岗二期文化的共同因素，而以龙山文化因素为主，这和孟子说舜是东夷人、徐旭生考证有虞氏具有东西方混合文化均相符。考古资料与古文献相互参证，说虞舜居于景阳岗古国一带比其他说法理由更充分。2000 年，张学海在《论龙山文化景阳岗类型》一文中，进一步申述了这一观点，并认为龙山文化景阳岗类型是以有虞氏、有鬲氏为代表的文化。

张学海还根据《左传·僖公二十八年》所记晋楚城濮之战的形势，推断鲁西南曹县县城西南的春墓岗遗址是"有莘之墟"，《春秋舆图》等所指春墓岗东北约 3 公里的"莘墟"莘冢集遗址则是春秋城濮。有莘是个龙山文化古国，曹县境内的大部分龙山文化遗址是该国的遗存[96]。

1986 年，高广仁、邵望平撰成《海岱文化对中华古代文明形成的贡献》一文[97]，分海岱文化区大汶口、龙山、岳石文化时期为三个小区，即以鲁中南山地西南侧湖东平原为中心的一区，以鲁中南山地东北侧山前平原为中心的一区和胶东半岛区。居民分别是淮夷、嵎夷和莱夷，海岱境内夷族支系绝不止这三支，但这三支是最有势力、最有影响的支系。1989 年邵望平发表《〈禹贡〉"九州"的考古学研究》，重申了这一观点[98]。

在考古界确认北辛、大汶口、龙山、岳石文化为东夷文化的同时，夏民族起源于东方说也一直存在，至今为古史界的一些学者所信从。考古界以杜在忠的《关于夏代早期活动的初步探析》、《试论二里头文化的渊源》为代表[99]。他在前文提出夏代早期的斟灌、斟寻在胶莱平原西部地区，在后文认为二里头文化有许多文化因素源于泰山周围的大汶口——龙山文化系统，该文化系统的族属在野蛮时代后期是由夷、夏各氏族、部落共同融合成的"夷夏部族"。他"认为太康失邦不是由于外族入侵，而是夷夏部族内部东夷部落首领与之争夺最高权力的斗争，这一历时几十年之久的混乱也是在泰山周围展开的"。他说："传说中的尧、舜、禹、皋陶直至夏代少康中兴以前的这一段历史，正是在这一地域（按指黄河下游）和这一背景（指治理洪水）下发生的。这是我国古史上一个重大的变革时期，即由军事民主制度发展为早期国家的时期。部族也正是在这一历史阶段形成和发展起来的。"文章认为少康中兴以前，夏人作为"夷夏部族"的重要构成部分，居于泰山周围，羿、浞代夏是"夷夏部族"的内乱，少康时才沿黄河古道上溯至豫西和先去的一支会合，在那里重整政治，振兴经济。这一观点可视为对早年夏民族起源于东方说的发展，对有些研究山东古史者有一定影响。

考古学文化的族属研究，是考古学研究的重要课题，更是重建古代史所必须给予解决的课题之一。此类课题的逐步解决，必须以考古学文化基础研究即区系类型研究和古文献学、古地理学的成果为基础。70年代以前的考古学发展水平，显然还不能对此作出深入的卓有成效的研究，所以往往被贬之为"简单联系"。实际上这只是个研究条件、方法和水平的问题，对一个研究领域的研究，都需经历由浅而深的过程，即使是考古学文化基础研究，也是随着资料的不断积累，学科的逐步发展而逐渐深化的，海岱文化谱系的建立和龙山文化区系类型研究的发展进程就是显例。"简单联系"之责的背后，往往包含了考古界对文献的不够重视或缺乏古文献学的功底，乃至对考古学根本任务的不够明确，仅局限于考古学文化区系类型研究是不可能复原已经消失的历史的。考古学发展到目前的水平，尤其是那些区系类型基础研究已取得重大成果的文化区，应大力提倡考古文化族属及相关理论的研究。龙山文化族属的研究已取得重要成果，但仍是初步的。例如东夷有诸多分支，目前还不能从龙山文化中确切指出有哪些同文献相印证的公认的分支，也还没有这方面的专论。

（五）龙山文化城研究

20世纪80年代中期龙山文化城的发现，真正启动了龙山文化城的研究。此前有些学者虽肯定城子崖那座"黑陶文化期城"为龙山文化城，用以说明龙山文化或龙山时代建筑术的成就和社会迈入文明时代等，但90年代初证实此城为岳石文化城，所以有关论述就失去了基础。自1984年发现第一座龙山文化城边线王城以后，至1999年底的十余年间，相继发现了城子崖、丁公、田旺、景阳岗、皇姑冢、王家庄、教场铺、王集、前赵、大尉、乐平铺、尚庄、尤楼、丹土、尧王城、两城、藤花落共18座城，此外还在蒙阴吕家庄、费县古城、兖州西吴寺、定陶仿山、曹县春墓岗、莒县陵阳河、段家河等遗址发现龙山文化城的线索，使龙山文化成为目前发现城址最多的史前文化之一，而且含有景阳岗、教场铺两组龙山文化城，前组三城，后组六城（表八，图三六）。但因绝大部分城只作过初步勘察，只对边线王、城子崖、丁公、景阳岗和藤花落五座城作了一定程度的发掘，对城垣作了解剖，而且只有景阳岗和藤花落城发表了较详细的简报，其余都未正式发表资料，因而龙山文化城的不断面世虽引起考古界的关注，但论者基本上局限于一般性介绍以及对其性质的探讨，或称为城堡，或称为

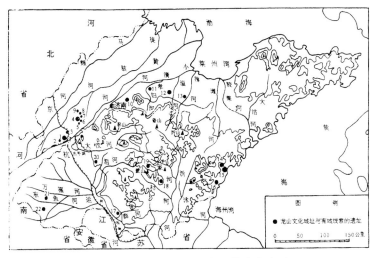

图三六　山东地区龙山文化城址分布图

1.景阳岗城址　2.皇姑冢城址　3.王家庄城址　4.教场铺城址　5.前赵城址
6.王集城址　7.大尉城址　8.乐平铺城址　9.尚庄城址　10.城子崖城址　11.
丁公城址　12.田旺城址　13.边线王城址　14.丹土城址　15.两城城址　16.
尧王城址　17.尤楼城址　18.古城遗址　19.吕家庄遗址　20.西吴寺遗址
21.仿山遗址　22.春墓岗遗址

城市，用以证明龙山文化处于军事民主时期或已进入文明时代，而且大多是从全国角度进行研究的，少见对龙山文化城的比较深入的综合性研究。90 年代以来，张学海相继发表了《城子崖与中国文明》、《浅说中国早期城的发现》、《论山东地区的龙山文化城》、《中国城的起源与原始城的发现》等文[100]，提出中国城起源于距今 7000 年前，系由土围聚落转化而来，剩余劳动产品的产生和战争的出现是土围聚落向城转化的标志；把史前城分为原始城与早期城两大发展阶段，前者为原始社会的城，约当距今5000年前，后者为龙山时代城，

表八　龙山文化城址一览表

名称	位置	形状	面积（平方米）	发现时间	备　注
边线王	寿光县边线王村北	近圆角方形	早期1万，晚期5.7万	1984	仅存基槽，经发掘
城子崖	章丘市龙山村东北	近圆角方形	20万	1990	台城，经发掘
丁公	邹平县丁公村东	近方形	11万	1991	经发掘
田旺	临淄区田旺村东北	圆角竖长方形	15万	1992	探查，台城，城外东有墓地
龙楼	滕州尤楼村东南	方形（?）	1万（?）	1994	平面形状、面积待进一步查明
景阳岗	阳谷县景阳岗村周围	圆角扁长方形	38万	1994	经发掘，城内有夯筑大台址
皇姑冢	阳谷县皇姑冢叶街东北	近梭形	6万	1994	探查，城中有夯筑基址
王家庄	阳谷县王家庄村西	圆角弧边扁长形	4万	1994	探查
教场铺	茌平县教场铺村西北	圆角横长方形	16~17万	1994	面积为2000年5月复探校正
尚庄	茌平县尚庄村东	近圆角方形	3万余	1994	探查
乐平铺	茌平乐平铺镇北街南	近横长方形	约3.5万	1994	探查
大尉	茌平县大尉村东南	近竖长方形	约3万	1994	探查，形状、面积需进一步核实
王集	东阿县王集村西南	圆角扁长形	3.7万	1994	探查
前赵	东阿县前赵村	圆角扁长形	5.3万	1997	探查
丹土	五莲县丹土村周围	不规则形	18万	1995	面积为2000年确认
两城镇	日照县两城镇西北	?	?	1997	发掘，发现城垣线索
尧王城	日照县尧王城村北	?	?	1996	发掘，发现城垣线索
藤花落	连云港市开发区	方形、后成横长方形	早约4万，晚约14万	1999	发掘、钻探

（以张学海《论山东地区的龙山文化城》一文为基础制作，未含淮阳平粮台城）

可简称龙山城，距今5000年到4000年；并把城与原始城市加以区别，原始城阶段不存在原始城市；认为原始城无例外地是强盛氏族、部落的中心，城一出现便启动了城乡分离的进程，因此，即便原始城也不能称"城堡"，主张只称某文化城或泛称史前城。

张学海在《论山东地区的龙山文化城》一文中，对龙山文化城进行了比较系统的综合研究，提出了一些新见解。该文分五点作了阐述：（一）系统介绍了当时14座龙山文化城的发现过程、地理位置和大体面积。（二）山东龙山文化城的类型与城垣建筑技术。把这些城分为台城与通常的城两类。后者指有直立城垣、城内城外地平面高度基本一致、以城垣缺口为城门门道的城，只有边线王城一座。台城则是台形的城，"外观高墙耸立，内看如土岭围绕周围，城垣内侧成缓坡，或只有矮墙；墙基不在同一地平上，内高外低，高度悬殊。一般只在城垣外侧挖斜壁沟或半斜壁沟形基槽，或不挖基槽。由于城内高外低，决定了城门门道必须是斜坡形"。台城是龙山文化城的主要形式。通常的城城垣应用版筑，版筑技术承袭西山仰韶文化城的方块版筑法而有所进步，但仍未使用桢干来固板，而用斜支撑来固板。台城城垣则用版筑、堆筑结合筑成，城垣外皮部分和城门道两侧的城垣采用版筑，其余大部用堆筑。这种版筑、堆筑相结合的城垣建筑技术，提高了筑城的效率和城垣的质量，满足了在当时生产力条件下普遍筑城和修筑大规模城的需要，可能代表了龙山城垣的主要建筑技术。单一的版筑与堆筑法虽同时采用，但可能不占主导地位。台城具有能适应不同地形，因地制宜，营筑比较省时省力，同时又便于防御等优点，是龙山时代正在普遍筑城和要求营筑更大规模城的时代的产物，是史前城的一个重要发展阶段，但不是城的产生阶段。台城毕竟不是很成熟的城，它的一个明显缺陷就是城内地面不平，周围高，中部相对低洼，易积水，且不易排泄。（三）山东龙山城具有不同等级。该文把这些城纳入所在龙山文化聚落群中来考察，按其在群内聚落所处的地位分为两个等级。一级城是群内的中心聚落，规模较大，是古国都城或是部落、部落联盟的中心，包括城子崖、丁公、田旺、丹土、教场铺和景阳岗六城。二级城相当于群内的中级聚落，比群内的一级城规模小得多，但显然高于一般聚落，相当于"邑城"，包括边线王、尚庄、乐平铺、大尉、王集、王家庄、皇姑冢七座。此外尤楼城归属不明。（四）有的龙山城是原始城市。所谓原始城市或者说早期城市，区别于一般城，而不指以商品经济为基础的、特定含义的城市，也不是简单的城与"市"的结合，应用马克思、恩格斯《德意志意识形态》中所说的定义来衡量："城市本身表明人口、生产工具、资本、享乐和需求的集中。……这些城市中的资本是自然形成的资本；它体现为住房、手工劳动工具和自然形成的世代相袭的主顾……这种资本和现代资本不同，它不是以货币来计算的，而是与所有者的完全固定的劳动直接联系在一起的、完全不可分割的，因此它是一种等级的资本。"上述资本的集中，意味着手工业生产者的集中，手工业者阶层的存在。享乐和需求的集中，反映出社会财富的积聚，贫富分化、社会分化的深刻化，以及占有他人劳动产品的剥削阶级和权力统治的存在。因此，原始城市的出现必须具备必要的经济和社会条件。这就是原始农业和手工业已有较大发展，社会财富日益丰富和积聚，交换有了初步发展；贫富分化、社会分化已相当深刻，出现了富有阶层和贫困阶层，形成剥削阶级与被剥削阶级；人口迅速增长，聚落增多，规模扩大；城已比较普遍，而且形成了不同等级。只有在这种经济、社会条件下，才能产生原始城市。论文提出原始城市必须具备下列要素："一、是个政治权力和行政管理中心；二、存在手工业者阶层，是个手工艺技术中心；三、人口相对集中，居民数量可观，比如达到3000人左右，居民具有多种社会身份。"该文还认为"一般来说，只有地区的政治、经济文化中心，才能同时具备这些要素，所以最早的城市应该就是地区的政治、经济、文化中心"。进而分析了大汶口文化中期已为城市的产生准备了条件，大汶口文化晚期的大汶口聚落已是一座原始城市。到龙山文化时期，城市得到了迅速发展，像城子崖、教场铺、景阳岗等中心城都已是原始城市。（五）山东龙山文化城是古国实证。该文提出古国首先从那些先进的农业部落诞生，因此应从这些部落入手探索国家的诞生，并主张从是否已形成金字塔形等级社会结构，是否出现了城市、形成城乡分离这两方面进行考察。张学海认为脱胎于农业部落又高于部落的古国，有着金字塔形等级社会结构。处于塔尖位置的是作为古国统治中心的城或原始城市，即古国之都，应有殿堂礼仪性建筑基址，有统治集团的墓葬，还会有首先满足他们需要的手工业者阶层。处于塔基地位的是一批村落，从事农业，构成古国的社会与经济基础。这些村落的居民，血缘纽带关系起着重要作用，可能实行族居与族葬。都与村落之间有若干承上启下的聚落，相当于邑，因而形成了"都邑聚"金字塔形等级结构，而成为国家社会的一大特征。城的出现虽然开始了城乡分离的进程，

但只有出现了原始城市，社会形成了等级结构，城乡分离才
比较典型而成为国家社会的又一重要特征。诚如马克思、恩
格斯所说："物质劳动和精神劳动的最大的一次分工，就是城
市与乡村的分离。城乡之间的对立是随着野蛮向文明的过渡，
部落制向国家的过渡，地方局限性向民族的过渡而开始的，
它贯穿着全部文明的历史。"因此，城市的出现、城乡分离是
国家诞生的标志。基于上述认识，以泰安大汶口、章丘焦家、
广饶付家、莒县陵阳河等为代表的大汶口文化部落，在距今
5000 年前后的大汶口文化中晚期之交或稍早可能已向国家过
渡，到龙山文化时期，城子崖、教场铺、景阳岗等许多龙山
文化聚落群都已是古国，有的可能已发展成方国，龙山文化
已是古国时代（图三七）。

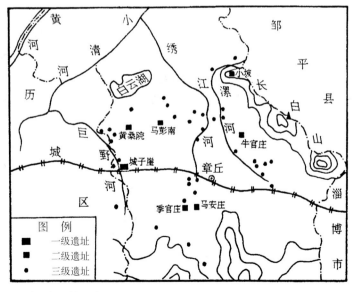

图三七　城子崖龙山文化聚落群"都邑聚"三级聚落址分布图

（六）聚落时空关系研究

聚落研究在考古学研究中一直比较薄弱，而一个文化区或一大区域史前聚落时空关系演变的系统研究，几乎还是空白。这一领域的研究自然需要以区系研究与文物普查的成果为基础。80 年代末山东地区古文化区系框架已初步形成，也完成了文物普查，初步掌握了留存的史前遗址与分布状况。90 年代前期又发现了大批城址，并把有陶新石器文化上溯至 8500 年以前，从而为研究新石器文化早期以来史前聚落时空关系的变化提供了初步条件。1999 年，张学海撰成《山东史前聚落时空关系宏观研究》一文[101]，以海岱史前文化序列和文化谱系为纲，对自距今万年左右至 4000 年前的山东史前聚落时空关系变化进行了初步研究，指出龙山文化承袭大汶口文化的发展势头，在聚落、聚落群、中心聚落、城、原始城市和聚落分化诸方面，都得到了急剧发展而达到山东史前期的顶峰。

初步统计山东境内已知龙山文化聚落址近 1300 处，除鲁西北黄泛平原的部分县和鲁中南山地腹地的个别县以外，都有发现。其中的绝大部分属于三十多个聚落群，这些聚落群分为三种情况，一是承袭某一大汶口文化聚落群，二是由一个多到两个大汶口文化聚落群发展而成，三是在只有零星大汶口文化遗址的地区或空白区新产生的聚落群。后者大多分布于鲁西南、鲁西北、鲁北冲积平原和鲁东南沿海等外围地区。鲁东南沂沭河流域、沂山北侧潍河白浪河流域、鲁中南滕州地区这些大汶口文化的主要分布中心，仍然是龙山文化的主要分布中心，但泗河上游、大汶河中下游这一原先大汶口文化的重要分布区，则少见龙山遗址，宁阳、汶上、邹城等县市龙山遗址都少于大汶口文化遗址（表九）。

表九　山东境内主要龙山文化聚落群一览表

序号	聚落群与所处流域	遗址数	分布范围（县市区乡镇）	备　　注
	滕州群。薛河、城河、荆河下游冲积平原。	90	集中分布于滕州市计81处；枣庄山亭区西集镇2处；薛城区夏庄、薛城沙沟、张范4处；邹城市香城、峄山、郭里3处。	有滕州鲍沟、吕坡、邹城野店镇野店一级遗址，滕州尤楼四级龙山城。含表一第1、2群和第3群南部。
2	泗水群。泗河上游水系河谷地带。	26	泗水县马庄、南陈村、大黄沟、星村、尫庄、高峪、泗水镇、中册、柘沟、金庄计17处；曲阜济岚公路以北书院、王庄、茧庄等乡镇9处	尹家城遗址属此群。含表一第6群东北部。
3	曲阜群。泗河支流沂河流域、白马河上游。	23	曲阜南部尼山、南辛、防山、息陬、小雪、曲阜镇、时庄、陵城计10处；兖州东部杨家河以东11处；邹城西北境中心店、邹城镇2处。	西夏侯遗址属此群。含表一第6群大部，第24群。
4	阳谷梁山群。徒骇河极上游、马骇河支流赵王河上游。	19	鲁西湖群以西，古大野泽、雷泽以北，徒骇河极上游地区，包括阳谷东南部，梁山、郓城北半和鄄城北部等地。	本群估计有大量遗址被湮埋和被黄河冲毁。有景阳岗龙山城组共3城。
5	茌平东阿群。徒骇河支流管氏河、赵牛河上游。	33	黄河以西、茌平县四新河以东，齐河县西南部务头乡，聊城市东南部，东阿县中西部地区。	有教场铺龙山城组共6城。含表一第9群。

续表九

序号	聚落群与所处流域	遗址数	分布范围（县市区乡镇）	备 注
6	章丘群。小清河支流巨野河、绣江河、漯河流域。	43	章丘市文祖、阎家峪以北、白云湖、刁镇以南、长白山以西、济南历城区东境孙村、唐王镇以东地区。	有孙村西杜一级遗址，城子崖二级龙山城。群内含表一第10群。
7	邹平东南淄博市西北群。小清河支流孝妇河流域。	33	邹平县东南部邹平镇、好生、礼参、长山、苑城计16处；淄博市周村区萌水、贾黄、张坊、南阎计8处；张店区马尚、房镇5处；桓台县田庄、邢家4处。	有周村萌水乡水磨一级遗址，丁公三级龙山城。群内有零星大汶口遗址。
8	临淄广饶群。淄河中下游、乌河中游。	30	淄博市临淄区北部大武、齐陵、永流、孙娄、齐都、齐陵、皇城、敬仲、朱台16处；广饶西南部西营、李鹊、花园、石村、花官10处；青州市西北境东高、邵庄、文登4处。	有路山田旺一级遗址、三级龙山城。含表一第 11、12群。
9	青州寿光昌乐群。沂山北侧淄河中下游、尧河上游、北阳河流域。	约170	青州市普通、王坟一线以东以南、昌乐南部、五图以北的北部，寿光西南部，临淄极东皇城东境地区。以青州口埠、苏埠屯、谭坊、昌乐尧沟、昌乐镇、寿光纪台、胡营、孙家集为中心，这九乡镇共集中了70处遗址。	此群南界和临朐群、昌乐南部群交错不清，边缘遗址归属未必准确。已知青州何官藏台一级遗址、边线王四级龙山城。含表一第13、14群。
10	临朐中北部群。沂山北侧渑河上游。	约40	临朐中部渑河上游谷地，北部渑河两侧冲积平原，青州南境渑河、石河、王坟、黄楼、郑母诸乡镇。以北部龙岗、上林、营子、临朐镇、纸坊、青州黄楼为中心。	北界与青州群界限不同，同属渑河上中游，未明是否属一大群。因各有中心区，故分两群。西朱封遗址属此群。含表一第13群南小群。

序号	聚落群与所处流域	遗址数	分布范围（县市区乡镇）	备　　注
11	昌乐中部临朐东南群。沂山东北支白浪河中上游、汶河上游。	约65	临朐东南境沂山、大关、蒋峪、白塔、辛山、柳山计12处；昌乐中部南郝、五图以南的北岩、北展、乔官、北鄗部、毕都、鄗部、红河、大宅科、马宋、河头；青州极东南赵坡；潍坊潍城区西南部军口埠。	邹家庄、姚官庄遗址属此群。含表一第15群。
12	沂水、莒县、五莲、诸城群。潍河沭河最上游。	33	沂水县高桥镇、卞山一线以北地区12处；莒县极东北部东莞、库山5处，五莲西北中北部4处，诸城西南中南部12处。	呈子遗址属此群。含表一第16群。
13	诸城、胶南、五莲、日照鲁东南沿海群。五莲山东北翼潮河、吉利河、横河流域。	41	诸城东南吉利河上游4处；胶南14处，基本上位于县城以南沿海、近海河旁；五莲东南境叩官、潮河镇7处；日照极东北两城镇约16处。	有两城一级遗址，及龙山城的线索，有五莲丹土二级龙山城。群内有个别大汶口遗址。此群可能分南北两群。
14	日照群。五莲山东侧。付疃河流域。	13	五莲中南境洪凝、街头、王世疃6处；日照中北部沿海近海的高兴、虎山、奎山、丝山、河山计7处。	有尧王城一级遗址，东海峪遗址属此群。尧王城发现龙山城垣。含表一第17群。
15	莒县群。五莲山西侧。沭河沂河上游。	77	莒县极东北部库山、龙王庙、东莞，极西南部大官庄、金墩、夏庄以外的绝大部分乡镇52处；沂水东南部沂水镇、许家湖、四十里堡、三十里堡，姚店子为主，包括龙家圈、武家注、西北境诸葛、泉庄计17处；沂南极东部蒲旺、大王庄、张家哨8处。	有沂南大王庄乡龙角庄子一级遗址，含表一第18群。

序号	聚落群与所处流域	遗址数	分布范围（县市区乡镇）	备　注
16	沂南东部临沂北境群。沂河上游。	49	沂南东部沂河两侧谷地，包括西侧支流汶河、蒙河谷地共 15 乡镇 38 处；临沂极北境蒙河下游、沂河西侧 8 处；莒南西北境 1 处；莒县极西南夏庄 2 处。	有沂南葛沟乡葛沟村、临沂李官乡张家寨里一级遗址。含表一第 19 群。
17	临沂东部群。沂沭河中游。	65	沂河以东临沂市东部地区，以东北部、东部汤河流域的汤头、八湖、郑旺、相公、黑墩为中心，这 5 乡镇占 43 处。	有刘店乡傅赤坡、相公镇平墩湖一级遗址。含表一第 20 群。
18	临沂西部费县东北部平邑东北部群。沂河中游、祊河流域。	91	沂河以西临沂市西部地区 38 处；费县兖石铁路以北祊河、浚河河谷地带 14 处，铁路以南许家崖、马庄 2 处；平邑县兖石铁路南侧张里、东阳一线以北的东北半 34 处；苍山东北沂堂、大仲村 3 处。	此群可能以平邑、临沂为中心属两群，但界限不清，同处祊河流域，暂归一群。有费县南张庄乡北石沟、临沂册山乡晏驾墩、白沙埠乡东孝友、白庄乡后盛庄一级遗址，费县方城古城遗址发现龙山城垣，含表一第 21、23 群。
19	苍山南部枣庄市东南群。苏河、燕子、东泇、西泇河下游。陶沟河、峄城大沙河、周营沙河流域。	52	苍山县枣苍公路以南各乡镇 28 处，公路以北车网、小岭、神山 3 处；临沂极西南傅庄镇 2 处；郯城极西北褚墩镇 2 处；枣庄市中区 4 处；峄城区 12 处。	东北界和临沂西部群不清晰，南含江苏邳州市龙山遗址。有长城镇沙沟一级遗址。含表一第 22 群。

续表九

序号	聚落群与所处流域	遗址数	分布范围（县市区乡镇）	备　注
20	兖州西北半济宁北部群，鲁西南平原东部。洸府河中游。	20	兖州市西北漕河、小孟、新驿、颜店、前海计15处；济宁北部李营、二十里堡、长沟5处。	有西吴寺一级遗址，并发现城垣线索。含表一第4群。
21	禹城齐河群。鲁西北平原南部。徒骇河中游。	12	禹城城关镇、石屯、大程、梁庄、二十里堡、李屯、十里望；齐河华店、南北、表白寺。	多堌堆遗址。群内未见大汶口遗址。
22	定陶群。鲁西南黄河冲积平原。东鱼河、万福河上游。	21	定陶县定陶镇、东王店、南王店、力本屯、张湾、邓集；曹县青岗集、韩集、桃源集；菏泽市大王集、金堤、佃户屯、二郎庙；东明县东明集、胡庄、马头。	定陶仿山遗址有大型龙山台址，似为一级遗址，应是城。安丘堌堆遗址属此群。仅见个别大汶口遗址。
23	曹县群。鲁西南平原西南部，安济河、沙河上游。	15	曹县倪集、莘冢集、普连集、安仁集、侯集、阎店楼；成武县九女集、成武镇。	有春墓岗一级遗址。有个别大汶口遗址。

　　笔者注：备注栏内"含表一第×群"，系指张学海文章中的"大汶口文化聚落群一览表"，保留以便读者查阅。

　　总体而言，龙山文化聚落群规模之大远非大汶口文化聚落群能比，其大中等聚落群的聚落都在30处左右到90处左右，一般占地近1000平方公里到2500平方公里左右，个别群体接近3000平方公里。

　　城不仅十分普遍，且已产生了四个等级。一级城面积30万平方米以上，有景阳岗城。教场铺城初查时估计约40万平方米，2000年再探确定为16～17万平方米。二级城20万平方米以上，有城子崖城。丹土城初发现时估计20余平方米，

1999年前后的复探试掘得知此城自大汶口文化晚期到龙山文化中期，逐渐扩大，龙山中期约18万平方米。三级城10万平方米以上，有教场铺、丁公、田旺、丹土、藤花落城。四级城面积9万平方米以下，已确定的有9座。而且在鲁西的两个聚落群各发现了成组的城。这时原始城市与中心聚落也得到迅速发展，数量急速增长，规模扩大。

聚落分化深刻化。张学海依据普查资料分为五个等级。一级聚落址30万平方米以上；二级20万平方米以上，不到30万平方米；三级10万平方米以上，不到20万平方米；四级3万平方米以上，不到10万平方米；五级聚落址不到3万平方米。各级聚落数量同其级别成反比，绝大部分为四、五级聚落。各群体聚落基本上都形成了金字塔形等级结构，其中的大中等聚落群都有"都邑聚"金字塔形等级结构。同时在群体之间和外围地区还存在许多难以归群的零星聚落址。

张学海指出，聚落是史前社会的分子，史前聚落时空关系变化研究的深入，将能建立一大区域的聚落"条块"体系，从而勾勒出该区史前历史发展的轮廓，并同文化"条块"体系相辅相成，为恢复已经消失的历史作出重要贡献。张学海分析了山东史前聚落时空关系的变化，指出以山东为中心的我国东方古史，是以环泰沂山地带和环胶东丘陵地带为舞台，逐步向山前平地、远山平原演进的。距今9000年前，人们已在山前地带建立了稳定的聚落，直至7000年前，历史舞台都局限于山前平地，聚落寥寥无几，人口稀少，人们对山地有着强烈依赖。距今7000年以后，人口有所增长，聚落明显增多，逐渐形成了山东内陆和半岛地区两个环山分布区。至距今7000年代晚期，已知聚落已达100多处，分布范围稍有前扩。此时内陆聚落只有半岛聚落的一半，后者似已出现了雏形聚落群，如情况属实，说明此时半岛文化的发展水平高于内陆。6000年前大汶口文化成为海岱全区性文化共同体，人口与聚落增长加速，聚落分布密度加大，已出现城。至大汶口文化中期，出现了快速发展的势头，产生了许多聚落群和群体的中心聚落，其中好些已发展成地区的中心，聚落已明显在分化，群内聚落形成初步的等级结构。至大汶口文化晚期，山东境内已发现聚落址近500处，遍及山东大部分县市，形成40个左右聚落群，产生了原始城市，聚落分化成四个等级，大中等聚落群聚落都具有三四个等级的金字塔形等级结构，有的已是"都邑聚"金字塔形等级结构。进入龙山文化时期，山东境内聚落剧增至1300处以上，分布范围几乎遍及山东全境，城已十分普遍，城产生了四个等级，有的聚落群还发现了成组的城，原始城市与中心聚落迅速发展，聚落分化成五个等级，聚落群内聚落普遍形成四五个等级，具有典型"都邑聚"金字塔形的等级结构。随着田野考古和研究的发展，将使上述进程得到充实与修正，从而为研究史前历史的发展、社会逐渐进步、社会结构、文化与政治地缘、原始社会的瓦解、文明社会的诞生、城与城市及国家的起源，以及人口多寡等提供了重要基础。

就人口而言，不只可以推算出一支文化拥有的大致人口，而且还可以对各聚落群、各地方类型的人口作出大体估算。例如现知龙山文化遗址包括徐海、豫东、皖北地区在内，约1400余处，虽未必始终同时存在，估计早晚相差不大，而实际聚落肯定比这多得多。笔者在别的文章中以龙山文化聚落1500处、每处聚落平均以250人计，估计龙山文化时期东夷族团的总人口近40万人，一个有30处聚落的聚落群有七八千人，有 50 处聚落的聚落群有一万二三千人。如按各等级聚落分类进行估算，就会得到当时东夷族团总人口和各聚落群（大部是古国或方国）、各类型（分支）人口更为接近实际的数字。以此类推，就可以逐一估算出其他文化区（族团）的人口，提供当时全国总人口的大致数据，这显然比早先的有些估计的数字更具科学性，误差小得多。再如把聚落的分化和墓葬所反映的社会分化相结合，就能更好地把握社会分化的产生、发展和变化过程，更利于解决国家诞生、文明起源的课题。聚落时空关系变化课题的重大意义是不言而喻的，它是从考古学基础研究上升到考察社会与历史的重要桥梁。尽管这一研究仅依据文物普查资料不可能得出科学结论，但无疑是一个极重要的课题，将开辟史前考古研究的一个新领域。

（七）关于龙山文化的文字

20 世纪 50 年代末，山东地区首先在大汶口遗址发现一个书写在背壶上的文字，以后又在莒县陵阳河、大朱村、杭头、诸城前寨、皖北蒙城尉迟寺等遗址发现刻在陶缸上的文字，共达 20 余个，其中如 字等见于多个地点。学术界基本上肯定是大汶口文化晚期的文字，既有象形字，也有寓意字，有人认为已超越文字的萌芽阶段。由此推论，龙山文化应有更进步的文字，但 80 年代以前一直没有发现龙山文化文字。

1992 年 1 月，山东大学考古专业在洗刷丁公遗址第四次发掘的陶片时，在一个龙山文化灰坑的一片灰陶片上发现 5 行 11 字（有人认为可能是 6 行 12 字），自右而左竖书，各字多连笔，类似后来的行书，《考古》编辑部组织了专家笔谈，在学术界引起强烈反响[102]。论者对陶片地层、真伪、是否龙山文化文字、书写工具、文字性质与体系乃至释读等进行了热烈讨论，众说纷纭。在是否龙山文化文字问题上，存在是与不是的对立观点。考古界了解发掘情况和见过实物的人，大都不怀疑其地层，肯定是龙山文化文字，古文字学界有人赞成，也有怀疑其为龙山文化文字的[103]。丁公龙山文化陶文与大汶口文化陶缸文字及甲骨文风格都不同，又属孤例，论者见仁见智，难以形成共识，只能等待新发现。

（八）社会性质研究

20 世纪 80 年代以来严文明提出从距今 5000 年以后，我国进入铜石并用时代[104]。白寿彝总主编的《中国通史》第二卷"远古时代"（苏秉琦主编），则把铜石并用时代定在距今 5500～4000 年，龙山文化属于后期铜石并用时代。但此前龙山文化一直被看作新石器时代晚期文化，因而自 50 年代开始对其社会性质进行研究以来，先被认为是原始社会晚期文化，后又认为已到达文明的门槛，处于由原始社会向阶级社会过渡的军事民主时期。70 年代末，有人提出龙山文化已进入文明时代，但直到 80 年代晚期，多数人尤其古史界仍持原始社会末期文化为主的意见。这和把夏代作为我国第一个国家的传统观点有着密切关系。随着大汶口文化研究取得巨大成果，龙山文化城址的不断面世，具有王墓性质的大墓的发现，以及文明起源研究的发展等，赞成龙山文化已进入文明社会的学者逐渐增多，目前已成为考古学界的主流意见，现就这一观点的代表性论文作简要介绍。

1977、1978 年，唐兰在《光明日报》先后发表《从大汶口文化的陶器文字看我国最早文化的年代》、《再论大汶口文化的社会性质和大汶口陶器文字》两文[105]，1979 年又发表《中国奴隶制社会的上限远在五六千年前》一文[106]，主要依据大汶口文化陶缸文字和墓葬资料，结合文献，提出"大汶口文化是少昊文化，它是从氏族社会进入奴隶制社会初期建立的奴隶制国家，到夏禹时代，至少已经有了两千来年"。这个"少昊之国"已使用"我国最早的象形文字"。在后文的结尾，他概括了自己的观点："第一，大汶口遗址属于初期奴隶制社会。第二，大汶口文化是少昊民族的文化。第三，从大汶口陶器文字可以看到中国古代文化的黎明。……第四，我国奴隶制社会很长，可分前后两期（或初、中、晚三期）：前期（或初期与中期）由奴隶制的开始，经过奴隶制国家的建成和昌盛，即由太昊、少昊、炎帝、黄帝时期（以上也可以列为初期）发展到帝颛顼、帝喾、帝尧、帝舜时期（以上可列为中期）。后期（即晚期）夏、商、周三代，这是奴隶制社会的极盛时期，到衰颓没落直至崩溃的时期。"唐文的发表引起了轰动，在学术界掀起轩然大波，一些人纷纷提出批评[107]。唐文在使用考古材料上有错误，尤其把距今 5000 年以内的大汶口陶缸文字说成 5500 年以前，使他得出了中国文明史的开端早在 6000 年前的结论。但"大汶口文化是少昊文化"、"少昊国"以及对大汶口文化陶缸文字本身的分析与有些论述，都具有启迪性，由此引发的对大汶口文化的社会性质的讨论，活跃了学术气氛，促进了龙山文化社会性质和文明起源的探索。唐文虽重点论述大汶口文化社会性质，实际上也包括了龙山文化的社会性质，把龙山文化归属奴隶制前期或三期划分。

1979年，高广仁、黎家芳在《典型龙山文化来源发展及社会性质初探》中，从分析大汶口文化晚期的社会状况入手，指出大汶口文化晚期比之早期，"在生产力水平与社会结构方面发生了巨大的变化"，手工业成为独立的经济部门，制陶、制玉、象牙雕刻已专业化生产，特别是原始文字的出现，虽只寥寥数字，"但它至少是一个文明时代即将到来的信息"。"大汶口文化晚期已处于氏族社会的末期，它已走到文明时代的门槛之前"。该文进而分析了龙山文化制陶业、建筑业、上层建筑领域的变化后，得出结论："手工业的进步，冶铜业的产生，设防城址的出现（笔者按，作者指城子崖城，实为岳石城，此时尚未发现龙山文化城），以及体现奴隶主阶级意识形态的饕餮纹样的问世，都说明典型龙山文化已进入文明时代。"

1985年，苏秉琦提出"古文化古城古国"的新概念，实质上这是中国文明起源的一种理论。而在此前半年多的1984年冬，山东地区龙山文化城取得零的突破，发现了边线王龙山城。1990年春又发现城子崖龙山文化城，确认早年发现的"黑陶文化期城"是岳石文化城。同时文明起源研究的开展，焦点集中到了龙山时代，而龙山文化是军事民主时期文化的基本认识，使其在文明起源研究中格外受到关注，一些学者开始以"古文化古城古国"理论为指导，以新视角对龙山文化的社会性质进行了探索。

1991年张学海撰成《城子崖与中国文明》，对大汶口墓地资料作了分析，指出其晚期阶段的"生产力发展水平、社会财富的积聚和社会分化的深刻程度，已非原始社会所能承载，氏族社会已让位于国家社会，晚期大汶口聚落是一个大汶口文化古国的统治中心"，证明海岱地区在5000年前开始进入文明时代。论文进而从城子崖龙山文化城的规模与长期的使用，丰富的文化堆积，居民的数量与社会身份，井的普及，陶器的宏伟精美和聚落群内明显的城乡分离的格局六方面，论证城子崖龙山城是座原始城市。又从聚落群聚落分化的新视角进行考察，指出该聚落群已形成"都邑聚"金字塔形等级结构，城子崖龙山城处于塔尖地位，是"都"；其下有六七处中级聚落，相当于"邑"，另有三十余处三级聚落，是"聚"，即村落，因而这个聚落群是个龙山文化古国，在龙山晚期可能已发展成方国（图三三）。城子崖古国是其所在区域史前文化长期发展的结果。这里是目前山东地区最早的有陶新石器文化中心，自八千余年前以来文化连绵不绝，从未间断，具有自身的古文化、古城、古国发展史[108]。

该文还提出古国的五点基本特征："一、有相对稳定的疆域，疆域一般不大，范围大小不等；二、以农业为基础，有一定发展水平的家庭手工业，存在一定的商品交换，但交换关系并不发达；三、古国社会呈金字塔形等级结构，处于塔尖位置的是古国的统治中心，一般是规模较大的城或原始城市，其下有若干二级管理机构和大批以村落为基础的基层组织；四、血缘亲族关系仍在社会生活中起着重要作用，都城以外的乡邑、村落可能都聚族而居；五、一般具有单一的考古文化，属于某一文化共同体或其地方类型的一部分。"城子崖原始城市及其所在的龙山文化聚落群，展示了这种古国的典型情景。国家具有阶级压迫和管理社会公共事务两大基本职能，包括抵御外敌入侵的职能。该文认为，"管理社会公共事务，协调内部社会各阶级、各阶层、各集团之间利益的冲突，组织、指挥外部战争的需要，是中国国家产生的主导原因"。城子崖古国已具备这两种国家基本职能。

该文还对中国早期文明的诞生、发展进程发表了意见，认为自 5000 余年前到夏王朝建立的 1000 余年间，是中国文明的形成和初步发展时期，可分前后两期。前期，约自大汶口文化中期之末到晚期约五六百年，是原始社会向文明社会的过渡期，黄河、长江流域和长城地带的不少先进农业部落建立国家，迈入文明时代，这是中国文明史的黎明期。后期，约当龙山文化时期，文明得到初步发展，大量部落相继脱胎为古国，出现了邦国林立的局面，这是中国文明史的拂晓期。约当距今 4000 年前的龙山文化之末，以伊洛地区为中心形成了较大规模的夏王朝，中国文明史进入了发展新阶段。

90 年代后期，张学海在所撰《论山东地区的龙山文化城》、《东土古国探索》、《论莒地古文化古城古国》、《对推进中国文明起源研究的意见》等文中，进一步对山东地区的文明起源、大汶口、龙山文化古国等问题进行论述，明确提出把文明起源研究界定在中国文明史开端的研究上，把国家诞生作为文明史开端的根本标志，以"典型史前聚落群聚落'都邑聚'金字塔等级结构"和"城市诞生、城乡分离"的两项基本标准，取代文明"三要素"或更多要素来探索具体国家实体的诞生，即采用典型解剖，从国家本质特征方面来考察国家的诞生。张学海进一步论述了大汶口文化晚期与龙山文化时期是文明史初期的古国时代，相当于古史传说的五帝时代。大汶口文化中期则属军事民主时期。张学海还提出，"五帝"是黄河流域、北方地区这一北半中国古国（包括许多部落在内）的联盟盟主，类似春秋五霸。他们大多和山东地区有着密切联系，而虞舜本来就属东方集团，最可能居于山东西部景阳岗龙山文化古国一带。

1995 年，严文明在日本国"95'东亚社会与经济国际会议"上，以《黄河流域文明的发祥与发展》为题发表讲话[109]。他提出大约从公元前 3000 年开始，黄河流域进入文明时代，赞同龙山时代是城邦社会，或者依瑟维斯把早期社会划分为游群、部落、酋邦和国家的理论称为酋邦社会。他说，按厄尔勒的说法，这种酋邦社会是一个"控制有数千人口的地域，在政治经济上存在某种程度等级分化的中央集权的政治实体"。他认为龙山时代大部分地方的发展水平基本符合厄尔勒对酋邦社会的概括。但他主张"从另外一个更符合中国实际情况的角度来进行阐述。中国古代把用城垣圈起来的社会单元叫做国，把城里人叫做国人。把城和由城里人统治的郊野合在一起称为邦，城是邦的中心和当然代表，所以邦也可叫做国"。他说，五帝时代是个万国林立的时代，是个普遍筑城建国的时代，这恰恰与考古学上的龙山时代相合。他认为古文献记载的黄帝、尧、舜的"政府机构及其运作方式与后世的商周制度颇不相同，而与龙山时代考古文化反映的社会情况大致相符，应该说是基本可信的，不能认为是什么向壁虚构"。他说，根据古书记载，五帝时代又可分为两个阶段，"尧以前以黄帝为代表是一个阶段，尧舜是第二阶段。如果套用酋邦的说法，似乎就是简单酋邦和复杂酋邦。但黄帝的国家本身就好像是复杂酋邦了，那时的黄河流域似乎应该是复杂酋邦＋简单酋邦。尧舜时代则似乎是最复杂酋邦＋复杂酋邦＋简单酋邦"。他以为一时还很难说得清楚，不主张硬套，而用中国古代习用的名称叫国。为了跟后来比较成熟形态的国家相区别，"可以称为原始国家或古国，代表中国古代文明的黎明时期"。

1996 年，严文明又在《中原文物》第 1 期发表《中国文明起源的探索》，分列"从信古、疑古到考古"、"走向文明的步伐"、"单中心还是多中心"、"中国文明起源的模式"四题，系统概括阐述了考古学探索中国文明的步伐和考古学界对中国文明起源认识的发展过程。他引述夏鼐"文明是由'野蛮'的新石器时代的人创造出来的"，要"把文明的起源放在新石器时代中"的论断，梳理了中国新石器时代的发展历程和主要成就，勾勒了"野蛮"的祖先一步步走向文明的历程。他把中国新石器时代分为早中晚三大期。早期约自公元前 10000～前 7000 年，中期约公元前 7000～前 5000 年，晚期约公元前 5000～前 3000 年；并列举了各期最重大的成就，指出中期的聚落结构和墓葬体现着集体精神和平等原则。大约从公元前 3500 年起，这一集体精神和平等原则开始变化。约从公元前 3000～前 2000 年的龙山时代，生产技术已有较大发展，已进入铜石并用时代。农业取得较大发展，手工业成就更为突出，建筑业取得获巨大进步，发现了大批城，大批的城表明战争的经常化与激烈化。他重申"中国古代把城叫做国，城里人叫做国人"，"国有时也包括乡村，即所谓野。包括城乡的政治实体有时也叫做邦"。他认为"众多城址的发现证明那时已处于小国林立的局面"，和五帝时代有万国万邦的传说相合，所以"龙山时代可称为古国时代，是真正的英雄时代"。该文对文明的历程作了归纳："中国原始农业的发生和发展为文明的起源奠定了初步的物质基础。直到仰韶后期，即大约从公元前 3500 年开始，才迈开了走向文明的脚步。进入龙山时代以后则加速了走向文明的步伐，有的地方甚至已经建立了最初的文明社会。到了夏代，中国古代文明的雏形已经具备，到商周时代更是集其大成。从秦汉起又进入到一个新的发展阶段。"中国文明并非仅从中原发源，而是有许多起源中心，这已是大多数考古学者的共识。而中国地理环境和史前文化背景这两大因素，决定了中国文明起源的模式犹如一种"重瓣花朵式的多元一体结构"。

同年，严文明还在《考古与文物》第 1 期发表《中国王墓的出现》。他认为在公元前 3500～前 3000 年的新石器时代行将结束时，社会酝酿着深刻变化，接着出现了中心聚落和贵族墓葬。在大汶口、牛河梁出现了贵族墓，在铜石并用时代（约公元前 3000～前 2100 年），已是小国林立的时代。既然有国家就必然有国王和国王的坟墓，浙江余杭良渚、山西襄汾陶寺和山东临朐县西朱封三地所发现的大墓，"即使不能确定就是王墓，也应该很接近于王墓了"。

1997 年，张忠培在《考古与文物》第 1 期发表《中国古代文明之形成论纲》，明确提出中国"于公元前三千二三百年，分布于黄河、长江中下游和燕山南北及西辽河流域的诸考古学文化的居民，已经跨过了文明的门槛"。他提出，"诸不同谱系的考古学文化，处在转变时期，相互关系形成了新的格局"；"原有的劳动门类更新了技术，同时出现了新的劳动领域，技术、生产和经济获得了纵深发展"；"父权家族、神权和王权的确立，社会关系出现了巨大变革"。该文最后提出"重新建构自西周以前的文明史"的任务。

张忠培认为，西周以前时期为奴隶社会的观点长期以来居于统治地位，但西周及其前的文明社会虽有些奴隶，但未奴隶成为社会基本阶层。这时期社会的基本内涵是"父权家庭、贵族、平民、农村公社（井田制）、神权、王权、宗法制、礼制和分封制。这些内涵的损益及其形成的结构，表现出这时期社会的阶段性变化"。张忠培将西周以前划分为四个阶段："1.半坡四期文化及其稍后时期；2.龙山时期，或其后段；3.夏商时期；4.西周时期。"该文明确提出中国文明史开端于公元前三千二三百年，中国不存在奴隶社会等观点，但因是论纲，未作深入论述，也未对这时期的社会形态作出简明概括。

八九十年代，中国文明起源成为热点课题，考古界、古史学界发表了大量文章。就发源地而言，主要有单中心即中原中心说、多中心说和多元一体说，后者在考古界已没有多少人怀疑。就进入文明的时间而论，有夏代说、龙山时代后期说、龙山时代说、半坡四期文化说、红山文化说，在海岱地区有龙山文化说、大汶口文化晚期说、大汶口文化中晚期之交或中期之末说等，这些观点的绝对年代各为距今约 4000 年、4500 年、5000 年左右、5000 余年、5200～5300 年、5500 年。各家所持文明的标志，也有文字、城市、青铜冶铸文明三要素或更多要素；物质文化发展水平特别是农业、手工业的明显发展和社会分化；国家的诞生（抓国家本质特征，以典型史前聚落群聚落"都邑聚"金字塔形等级结构和原始城市诞生、城乡分离为标志加以证明）等。而在社会形态、国家形态方面，则有奴隶社会、非奴隶社会、古国时代、酋邦社会、英雄时代、城邦国家、古国、宗族国家、酋邦等不同观点。这些文章大都是对全国范围宏观的概括论述，包括海岱地区在内。只有少量文章专论海岱文明起源，论述也较为深入，论者提出大汶口、龙山文化的原始城市和国家实体证明海岱文明的起源，更有说服力，也反映出大汶口文化、龙山文化在中华文明起源研究中具有极其重要的意义。

虽然文明起源研究已取得重大成果，在时间上越来越多的学者倾向于中国在距今 5000 年左右或 5000 年前开始进入文明时代，但具体观点仍有很大分歧。文明起源研究是个十分复杂的问题，涉及概念、课题界定、文明标志、基本标准、理论、方法等多方面的问题，在这些方面没有一个基本一致的认识，没有统一标准与共同目标，各按自己的理解进行探索，势难较快地取得共识。所以当前应对前阶段文明起源研究进行总结，肯定成绩，找出问题，明确用力方向，突破障碍，以缩短这一重大课题的研究进程。

注　释

［1］张学海《文化区系理论在海岱考古的实践》，《"迎接二十一世纪的中国考古学"国际学术讨论会论文集》，科学出版社 1988 年版。

［2］思集《谈对岳石文化的认识》，《山东大学文科论文集刊》1984 年第 2 期。

［3］严文明《夏代的东方》，《夏史论丛》，《齐鲁书社》1985 年版。

［4］张国硕《岳石文化来源初探》，《郑州大学学报》（哲学社会科学版）1989 年第 1 期；方辉等《浅谈岳石文化的来源及族属问题》，《中国考古学会第九次年会论文集》，文物出版社 1997 年版。

［5］栾丰实《论岳石文化的来源》，《纪念城子崖遗址发掘 60 周年国际学术讨论会文集》，齐鲁书社 1993 年版；又《海岱地区考古研究》有此一节，论述基本一致，山东大学出版社 1997 年版。

［6］山东大学历史系考古教研室《泗水尹家城》，文物出版社 1990 年版，第 158～163 页。

［7］张学海《试析岳石文化的年代》，《张学海考古论集》，学苑出版社 1999 年版；栾丰实《论岳石文化的来源》，《纪念城子崖遗址发掘 60 周年国际学术讨论会文集》，齐鲁书社 1993 年版。

［8］尹达《中国新石器时代》，三联书店 1955 年版，第 72～75 页。

［9］刘敦愿《龙山文化若干问题质疑》，《文史哲》1958 年第 1 期。

［10］黎家芳、高广仁《典型龙山文化的来源发展及社会性质初探》，《文物》1979

年第 11 期。

[11] 邵望平《对龙山文化的再认识》,《新中国的考古发现和研究》,文物出版社 1984 年版。

[12] 于海广《〈泗水尹家城〉与〈兖州西吴寺〉中龙山文化的分期》,《纪念城子崖遗址发掘 60 周年国际学术讨论会文集》,齐鲁书社 1993 年版。

[13] 赵辉《龙山文化的分期与地方类型》,《考古学文化论集》(三)第 230 页,文物出版社 1993 年版。

[14] 20 世纪 80 年代以后论者大都认为辽东半岛的史前文化自成体系,如:旅大市文物管理组《旅大老铁山积石墓》,《考古》1978 年第 2 期;辽宁省博物馆等《长海县广鹿岛大长山岛贝丘遗址》,《考古学报》,1981 年第 1 期;辽宁省博物馆等《大连市郭家村新石器时代遗址》,《考古学报》1984 年第 3 期;许明纲《大连地区原始文化编年及其研究中的问题》,辽宁博物馆考古年会论文;许玉林《旅大地区新石器时代文化和青铜时代文化概述》,《东北考古与历史》1982 年第 1 期;韩榕《胶东史前文化初探》,《山东史前文化论文集》,齐鲁书社 1986 年版;许玉林《辽东半岛新石器文化初探》,《考古学文化论集》(二),文物出版社 1989 年版;安志敏《辽东史前文化遗存的文化谱系》,《纪念城子崖遗址发掘 60 周年国际学术讨论会文集》,齐鲁书社 1993 年版;赵辉《龙山文化的分期与地方类型》,《考古学文化论集》(三),文物出版社 1993 年版;苏小幸等《对辽东半岛新石器时代晚期文化的再认识》,《环渤海考古国际学术讨论会文集》(石家庄·1992),知识出版社 1996 年版;贺伟《龙山时代的环渤海》,《刘敦愿先生纪念文集》,山东大学出版社 1998 年版。

[15] 同 [13],见该文注 [55]。

[16] 安志敏《辽东史前文化遗存的文化谱系》,《纪念城子崖遗址发掘 60 周年国际学术讨论会文集》,齐鲁书社 1993 年版。

[17] 河北省文物研究所等《河北省任丘市哑叭庄遗址发掘报告》,《文物春秋》1992 年增刊。

[18] 山东省德州市文物管理室《山东乐陵、庆云古遗址调查简报》,《华夏考古》2000 年第 1 期。

[19] 南京博物院《龙虬庄》,科学出版社 1999 年版。

[20] 吴秉南、高平《对姚官庄与青堌堆两类遗存的分析》,《考古》1978 年第 6 期;同 [11];黎家芳、高广仁《典型龙山文化的来源发展及社会性质初探》,《文物》1979 年第 11 期,伍人《山东地区史前文化发展序列及相关问

题》，《文物》1982 年第 10 期；杨锡璋《黄河中游的龙山文化》，《新中国的考古发现和研究》，文物出版社 1984 年版。

[21] 严文明《龙山文化与龙山时代》，《文物》1981 年第 6 期。

[22] 吴汝祚、杜在忠《两城类型分期问题初探》，《考古学报》1984 年第 1 期。

[23] 于仲航《尚庄遗存与后岗类型》，《华夏考古》1987 年第 1 期。

[24] 韩榕《试论城子崖类型》，《考古学报》1989 年第 2 期。

[25] 严文明《东夷文化的探索》，《文物》1989 年第 9 期；栾丰实《青堌堆龙山文化遗存之分析》，《中原文物》1991 年第 2 期；徐基《山东龙山文化类型研究简论》，《纪念城子崖遗址发掘 60 周年国际学术讨论会文集》，齐鲁书社 1993 年版。

[26] 张学海《试论山东地区的龙山文化城》，《文物》1996 年第 12 期；张学海《东土古国研究》，《华夏考古》1997 年第 1 期；张学海《山东史前聚落时空关系宏观研究》，《苏秉琦与当代中国考古学》，科学出版社 2001 年版。三文均收入《张学海考古论集》，学苑出版社 1999 年版，收录时文字略有改动。

[27] 吴秉南、高平《对姚官庄与青堌堆两类遗存的分析》，《考古》1978 年第 6 期；李仰松《从河南龙山文化的几个类型谈夏文化的若干问题》，《中国考古学会第一次年会论文集》（1979 年），文物出版社 1980 年版；严文明《龙山文化与龙山时代》，《文物》1981 年第 6 期；安金槐《试论河南"龙山文化"与夏商文化的关系》，《中国考古学会第二次年会论文集》（1980 年），文物出版社 1982 年版；李伯谦《论造律台类型》，《文物》1983 年第 4 期；杨锡璋《黄河中游的龙山文化》，《新中国的考古发现和研究》，文物出版社 1984 年版，第 68 页；同 [13]。

[28] 郑笑梅《论泰沂文化区》，《海岱考古》第 1 辑，山东大学出版社 1989 年版；徐基《山东龙山文化类型研究简论》，《纪念城子崖遗址发掘 60 周年国际学术讨论会文集》，齐鲁书社 1993 年版；栾丰实《龙山文化王油坊类型初论》，《考古》1992 年第 10 期。

[29] 梁思永《龙山文化——中国文明的史前期之一》，《考古学报》第七册，1954 年。

[30] 尹达《中国新石器时代》第 56~61 页，三联书店 1955 年版。

[31] 郑笑梅《论泰沂文化区》，《海岱考古》第 1 辑，山东大学出版社 1989 年版。

[32] 国家文物局考古领队培训班《兖州西吴寺》，文物出版社 1990 年版；李季、何德亮：《泗水流域古文化的编年与类型》，《文物》1991 年第 7 期。

[33] 栾丰实《龙山文化尹家城类型的分期及其源流》，《华夏考古》1992 年第 2

期。

[34] 徐基《山东龙山文化类型研究简论》，《纪念城子崖遗址发掘 60 周年国际学术讨论会文集》，齐鲁书社 1993 年版。

[35] 赵辉《龙山文化的分期与地方类型》，《考古学文化论集》（三）第 230 页，文物出版社 1993 年版。

[36] 同［34］。

[37] 栾丰实《海岱地区考古研究》第 267～269 页，山东大学出版社 1997 年版。

[38] 同［34］。

[39] 同［37］。

[40] 苏秉琦《关于考古学文化的区系类型问题》，《苏秉琦考古论述选集》第 226 页，文物出版社 1984 年版，原载《文物》1981 年第 5 期。

[41] 20 世纪八九十年代仍主张旅大地区为龙山文化分布区的文章如：郭大顺等《以辽河流域为中心的新石器时代文化》，《考古学报》1985 年第 4 期；蔡凤书《山东龙山文化与其周围同时期诸文化的关系》，《山东龙山文化研究文集》，齐鲁书社 1992 年版；同［37］，第 375 页。

[42] 许多学者对史前胶东半岛、辽东半岛的文化关系作了研究，一致认为龙山文化向北影响为主。例如：许明纲《辽东半岛与山东半岛原始文化的关系》，《东北地方史研究》1989 年第 1 期；佟伟华《胶东半岛与辽东半岛原始文化的交流》，《考古学文化论集》（二），文物出版社 1989 年版；刘俊勇《史前时期山东半岛与辽东半岛文化交流初探》，《东夷古国史研究》第 2 辑，三秦出版社 1990 年版；同［37］，第 222 页；冈村秀典《辽东半岛与山东半岛史前文化的交流》，《环渤海考古国际学术讨论会论文集》（石家庄，1992 年），知识出版社 1996 年版；王锡平等《胶东半岛在东北亚考古学中的地位》，《环渤海考古国际学术讨论会论文集》（石家庄，1992 年），知识出版社 1996 年版；贺伟《龙山时代的环渤海》，《刘敦愿先生纪念文集》，山东大学出版社 1998 年版。

[43] 河北省文物管理委员会《河北唐山市大城山遗址发掘报告》，《考古学报》1959 年第 3 期；康捷《关于唐山大城山遗址文化性质的讨论》，《考古》1960 年第 6 期；唐云明《关于唐山大城山遗址发掘报告中的几个问题》，《考古》1964 年第 7 期。

[44] 哑叭庄遗址出土陶器有素面黑陶，颇似龙山文化陶器，发掘简报未作报道。

[45] 同［10］；中国社会科学院考古研究所安阳工作队《1979 年安阳后岗遗址发掘报告》结语，《考古学报》1985 年第 1 期。

[46] 同 [23]；韩榕《试论城子崖类型》，《考古学报》1989 年第 2 期；栾丰实《城子崖类型与后岗类型的关系》，《海岱地区考古研究》第 301 页，山东大学出版社 1997 年版。

[47] 李伯谦《论造律台类型》，《文物》1983 年第 4 期；河南省文物研究所《河南鹿邑栾台遗址发掘简报》，《华夏考古》1989 年第 1 期；栾丰实《龙山文化王油坊类型初论》，《考古》1992 年第 10 期。

[48] 苏秉琦《七十年代初信阳地区考古勘察回忆录》，《中原文物》1981 年第 4 期。

[49] 韩建业《试论豫东南地区龙山时代的考古学文化》，《考古学研究》，科学出版社 1997 年版。

[50] 南京博物院《太湖地区的原始文化》，《文物集刊》（1），1980 年第 1 期。（距今 5500～4000 年）；安志敏《关于良渚文化的若干问题》，《考古》1988 年第 3 期（距今 5350～4150 年）；芮国耀《良渚文化时空论》，《文明的曙光》，浙江人民出版社 1996 年版（距今 5300～4000 年）；黄宣佩《关于良渚文化绝对年代的讨论》，《文明的曙光》，浙江人民出版社 1996 年版（距今 5100～3900 年）。

[51] 栾丰实《良渚文化的分期与年代》，《中原文物》1992 年第 3 期；《良渚文化的分期与分区》，《东方文明之光》，海南国际新闻出版中心 1996 年版；《大汶口文化与崧泽、良渚文化的关系》，《海岱地区考古研究》，山东大学出版社 1997 年版。

[52] 黄宣佩《关于良渚文化绝对年代的讨论》，《文明的曙光》，浙江人民出版社 1996 年版。

[53] 同 [37]。

[54] 栾丰实《良渚文化的分期与年代》，《中原文物》1992 年第 3 期。

[55] 论述龙山文化农业方面的文章有下列著作：刘敦愿《试论黄河流域新石器时代晚期畜牧业的作用》，《山东大学学报》（历史版），1962 年第 4 期；刘敦愿《龙山文化若干问题质疑》，《文史哲》1958 年第 1 期；吴诗池《山东新石器时代农业考古概述》，《农业考古》1983 年第 2 期；吴汝祚《海岱文化区的史前农业》，《农业考古》1985 年第 1 期；何德亮《论山东地区新石器时代的养猪业》，《农业考古》1986 年第 1 期；栾丰实《山东龙山文化社会经济初探》，《山东龙山文化研究文集》，齐鲁书社 1992 年版；许顺湛《黄河文明的曙光》，中州古籍出版社 1993 年版。

[56] 王永波《关于刀形端刃器的几个问题》，台北，《故宫文物月刊》第一二卷第

三期，1994 年；张学海《牙璋杂谈》，《南中国及相邻地区古文化讨论会论文集》，香港中文大学中国考古与艺术研究所编，1994 年。

[57] 安志敏《中国古代的石刀》，《考古学报》第十册。

[58] 中国社会科学院考古研究所《胶县三里河》，文物出版社 1988 年版，第 154 页。

[59] 20 世纪 90 年代初期，城子崖发掘出土了两件特大灰陶瓮，口较小，矮直沿，广圆肩，圆腹，一饰稀疏篮纹，一饰菱形格纹，应有盖，为目前所见最大的龙山文化陶瓮，应用于存放粮食。

[60] 论及龙山文化手工业的文章有许多，例如：刘敦愿《龙山文化若干问题质疑》，《文史哲》1958 年第 1 期；严文明《龙山文化与龙山时代》，《文物》1981 年第 6 期；高广仁、邵望平《中华文明发祥地之一——海岱历史文化区》，《史前研究》1984 年第 1 期；黎家芳《山东史前文化在中华远古文明形成中的地位》，《山东史前文化论文集》，齐鲁书社 1986 年版；栾丰实《山东龙山文化社会经济初探》，《山东龙山文化研究文集》，齐鲁书社 1992 年版；刘敦愿《论山东龙山文化陶器的技术与艺术》，《山东大学学报》（历史版），1959 年第 3 期；周仁等《我国黄河流域新石器时代和殷周时代制陶工艺的科学总结》，《考古学报》1964 年第 1 期；杜在忠《试论龙山文化的"蛋壳陶"》，《考古》1982 年第 2 期；钟华南《大汶口——龙山文化黑陶高柄杯的模拟试验》，《考古学文化论集》(2)，文物出版社 1989 年版；佟柱臣《仰韶、龙山文化的工具使用痕迹和力学上的研究》，《考古》1982 年第 6 期；聂新民《山东龙山文化部分石、陶、玉器制作工艺的探讨》，《史前研究辑刊》，1988 年。

[61] 钟华南《大汶口——龙山文化黑陶高柄杯的模拟试验》，《考古学文化论集》第 2 集，文物出版社 1989 年版。

[62] 同 [61]。

[63] 栾丰实《山东龙山文化社会经济初探》，《山东龙山文化研究文集》，齐鲁书社 1992 年版。

[64] 刘敦愿《记两城镇遗址发现的两件石器》，《考古》1972 年第 4 期；《有关日照两城镇玉坑玉器的资料》，《考古》1988 年第 2 期。

[65] 山东省文物管理处《日照县两城镇等七个遗址初步考察》，《文物参考资料》1955 年第 12 期。

[66] 同 [58]，第 88 页。

[67] 同 [6]，第 78 页。

[68] 同 [56]；王永波《耜形端刃器的分类与分期》，《考古学报》1996 年第 1 期。

[69] 同 [64]。

[70] 中国社会科学院考古研究所《山东临朐朱封龙山文化墓葬》，《考古》1990 年第 7 期。

[71] 同 [70]。

[72] 藏于临朐县文管所。

[73] 同 [58]，第 88 页。

[74] 同 [70]。

[75] 同 [70]。

[76] 20 世纪 70 年代末期以来论述龙山文化建筑的文章主要有：同 [10]；同 [11]；严文明《龙山文化与龙山时代》，《文物》1981 年第 6 期；同 [63]；竞放《山东地区新石器时代原始建筑简析》，《史前研究》1986 年第 3～4 期；张学海《试论山东地区的龙山文化城》，《文物》1996 年第 12 期。

[77] 林留根等《藤花落遗址聚落考古取得重大收获》，《中国文物报》2000 年 6 月 25 日 1 版。已清理的近 40 座房址分三处，偏东南的一批平地起建，西城与西南城的两批各建在公共低台基上。

[78] 山东省文物考古研究《山东阳谷县景阳岗龙山文化城址调查与试掘》，《考古》1997 年第 5 期；张学海《鲁西两组龙山文化城的发现及对几个古史问题的思考》，《华夏考古》1995 年第 4 期。

[79] 张学海《试论山东地区的龙山文化城》，《文物》1996 年第 12 期；张学海《东土古国研究》，《华夏考古》1997 年第 1 期。

[80] 北京钢铁学院冶金史组《中国早期铜器的初步研究》，《考古学报》1981 年第 3 期。

[81] 安志敏《中国早期铜器的几个问题》，《考古学报》1981 年第 3 期。

[82] 专论龙山文化墓葬与葬俗的文章主要有：黎家芳《山东史前文化在中华远古文明形成中的地位》，《山东史前文化论文集》，齐鲁书社 1986 年版；逢振镐《东夷史前墓葬习俗论》，《东夷古国史研究》第 2 辑，三秦出版社 1990 年版；于海广《山东龙山文化墓葬浅析》，《山东龙山文化研究文集》，齐鲁书社 1992 年版；于海广《山东龙山文化大型墓葬分析》，《考古》2000 年第 1 期；陈淑卿《从山东龙山文化墓葬制度考察龙山社会的礼制》，《刘敦愿先生纪念文集》，山东大学出版社 1998 年版。

[83] 同 [56]。

[84] 杜金鹏《论临朐朱封龙山文化玉冠饰及相关问题》,《考古》1994 年第 1 期。

[85] 杨向奎《夏民族起源于东方考》,《禹贡半月刊》第七卷第 6、7 合期,1937 年。

[86] 傅斯年《夷夏东西说》,《庆祝蔡元培先生六十五岁论文集》(下册),1935 年。

[87] 蒙文通《古史甄微》,商务印书馆 1993 年版。

[88] 徐旭生《中国古史的传说时代》(增订本)第 3 页,科学出版社 1960 年版。

[89] 刘敦愿《古史传说与典型龙山文化》,《山东大学学报》(历史版)1963 年第 2 期。

[90] 严文明此文载《山东史前文化论文集》,齐鲁书社 1986 年版。

[91] 严文明《夏代的东方》,《夏史论丛》,齐鲁书社 1985 年版;严文明《东夷文化的探索》,《文物》1989 年第 9 期。

[92] 吴秉楠、高平《对姚官庄与青堌堆两类遗存的分析》,《考古》1978 年第 6 期。

[93] 安金槐此文载《中国考古学会第二次年会论文集》,文物出版社 1980 年版。

[94] 栾丰实《东夷考古》第 195 页,山东大学出版社 1996 年版。

[95] 张学海《东土古国研究》,《华夏考古》1997 年第 1 期。

[96] 张学海《从考古发现谈鲁西南地区古史传说的几个问题》,《中原文物》1996 年第 1 期。

[97] 高广仁、邵望平《海岱文化对中华古代文明形成的贡献》,《山东龙山文化研究文集》,齐鲁书社 1992 年版。

[98] 邵望平《〈禹贡〉“九州”的考古学研究》,《考古学文化论集》第 2 集,文物出版社 1989 年版。

[99] 杜在忠《关于夏代早期活动的初步探析》,《夏史论丛》,齐鲁书社 1985 年版;杜在忠《试论二里头文化的渊源》,《史前研究》1985 年第 3 期。他在《论潍、淄流域的原始文化》一文中也申述了这一观点,见《山东史前文化论文集》,齐鲁书社 1986 年版。

[100] 张学海《城子崖与中国文明》,载《纪念城子崖遗址发掘 60 周年国际学术讨论会文集》,齐鲁书社 1993 年版;《浅谈中国早期城的发现》,载《长江中游史前文化暨第二届亚洲文明学术讨论会论文集》,岳麓书社 1996 年版;《论山东地区的龙山文化城》,《文物》1996 年第 12 期;《中国城的起源与原始城的发现》,载《张学海考古论集》,学苑出版社 1999 年版。

[101] 张学海此文载《苏秉琦与当代中国考古学》,稍有删节,科学出版社 2001

年版；另收入《张学海考古论集》，全文发表，学苑出版社1999年版。

[102] 山东大学历史系考古专业《山东邹平丁公遗址第四、五次发掘简报》，《考古》1993年第4期，《专家笔谈丁公遗址出土陶文》，同刊。

[103] 栾丰实《海岱地区考古研究》，山东大学出版社，1997年版，第225～226页；

[104] 严文明《论中国的铜石并用时代》，《史前研究》1984年第1期；《中国文明起源的探索》，《中原文物》1996年第1期；《中国王墓的出现》，《考古与文物》1996年第1期。严文明此三文所定铜石并用时代的年代前后稍有变化。

[105] 唐兰此两文先后发表于《光明日报》1977年7月14日、1978年2月23日史学版，收入《大汶口文化讨论文集》，齐鲁书社1979年版。

[106] 唐兰此文载《大汶口文化讨论文集》，齐鲁书社1979年版。

[107] 不同意唐兰观点的代表性文章有下列各文：彭邦炯《是氏族社会不是奴隶社会——就大汶口文化和唐兰先生商榷》，《光明日报》1977年12月15日史学版；陈国强《略论大汶口墓葬的社会性质——与唐兰同志商榷》，《厦门大学学报》（哲学社会科学版）1978年第1期；高广仁《大汶口文化的社会性质与年代——兼与唐兰先生商榷》，《光明日报》1978年4月27日史学版。以上三文均收入《大汶口文化讨论文集》，齐鲁书社1979年版。

[108] 张学海《城子崖与中国文明》，载《纪念城子崖遗址发掘60周年国际学术讨论会文集》，齐鲁书社1993年版。

[109] 严文明《黄河流域文明的发祥与发展》，《华夏考古》1997年第1期。

五 存在的主要问题与建议

　　龙山文化的发现已有 70 年的历史。70 年前龙山文化的发现，犹如一声惊雷，震撼了神州大地，动摇了有关中国古史的种种不实之说，又如一道闪电，刺破迷雾，放射出中华古文明的一道炫目亮光。70 年来，人们对龙山文化的认识经历了从泛龙山文化到单一龙山文化的曲折过程，龙山文化考古的发展也经历了发现、初步发展和全面发展三大阶段，终取得了辉煌成果，在中国史前考古中格外引入瞩目。龙山文化考古的三个发展阶段和中国考古学的童年期、成长期、成熟期相一致，它的发现研究过程和取得的巨大成绩，是中国近现代考古学诞生、发展过程的缩影。这一发现研究历程，凝聚了中国考古学开创者和后继者的大量心血，给予中国考古学的发展、中华文明起源的探索和中国古史研究以重大影响，是 20 世纪中国考古学与古史研究最有影响的进展之一。20 世纪 80 年代以后，龙山文化区系类型、族属等问题的基本解决，社会性质研究的深化，众多城址的发现，以及龙山文化高度发展的社会经济和较为系统、典型而丰富的材料，使龙山文化成为探讨中华文明最为理想的考古文化之一。可以预见，随着中华文明起源成为史学、考古学的重大课题，重建中国古代史成为学科当今的大目标，龙山文化和海岱地区将备受关注，而成为研究的热点之一。为此必须进一步加强基础工作，增强田野工作的计划性和资料的典型性，改进研究方法，构筑考古工作新模式，以求更有成效地推进课题研究，为尽快解决中华文明的起源和建立一部科学的中国史前史作出贡献。

（一）加强基础资料工作

龙山文化的基础资料目前有两大不足。首先是有关聚落的基础资料欠缺。20 世纪 80 年代的文物普查虽然使我们掌握了近 1500 处龙山文化聚落址，初步了解了聚落分布状况，但由于各地普查工作的不平衡性及其所提供的资料有很大局限性，因而目前仍然缺乏一个比较接近实际的聚落总数，聚落分布状况不能说已很清楚，尤其是除了很少部分聚落以外，基本不了解各聚落址的整体状况，不知其准确面积、内涵、大体布局与所处阶段等信息。在潍河、胶莱河流域，淄河、乌河流域，泰山以南、大汶河以北地区，江苏淮北地区，山东北境、河北南境地区等龙山文化聚落址寥寥无几或基本不见，不知是否实际情况；难以对聚落与聚落群的分布及其发展变化作出深入分析，得出科学结论；不能完全确定已知聚落群的规模（聚落数量与占地范围）是否反映实际；也不能依据聚落总数和各聚落群的聚落数量，推断出龙山文化比较接近实际的总人口及其消长情况，以及各类型、各聚落群的大致人口及其变化的信息；更不能对各聚落群聚落的分化状况与等级结构的发展变化作出深入分析，获得确凿的结论。而所有这些问题都是学科发展新阶段提出的重要新课题，只有逐步解决这些问题，才能更全面深入地认识龙山文化的社会。由于 80 年代以前，龙山文化乃至整个史前考古的中心任务主要是文化区系类型基础研究，聚落研究的基础工作尚未提出来，或对其重要意义的认识还很缺乏，当前无疑必须加强这一基础研究，以促进龙山文化研究的深入发展。

其次，发表资料过于滞后，许多典型资料都未正式发表。例如东海峪、北庄、杨家圈、边线王、城子崖、丁公、尧王城、景阳岗遗址等重要发掘都未发表全面资料，尤其是龙山文化城址的发掘资料均未正式发表。因此尽管对龙山文化已进行了全方位的发掘，但目前并未提供全方位的系统资料，阻碍了研究的深入，使有些问题难以取得共识，也使后续发掘的准确选点、资料的典型性和发掘水平的不断提高受到影响。因此，整理发表发掘资料已成为推动龙山文化研究深入发展的又一重要基础工作。

（二）加强发掘工作的计划性，
提高资料的典型性

龙山文化已发掘了近百处遗址，为区系类型课题的基本解决奠定了初步基础。这些已作不同程度发掘的遗址，不乏经过细致筛选的典型遗址，但是不可否认，其中的大量遗址未必具有典型性。对它们的发掘往往带有不同程度的随意性，课题意识不十分突出，或者只是为了解决文化面貌、年代分期等区系类型课题的某一两个子题，很少涉及聚落研究等更多课题。发掘中只注意"点"，忽视或根本不考虑"面"的倾向十分普遍。因此大都不注意事先掌握遗址的整体情况，不和所在群体相联系，不考虑它在群体内的地位（等级）。许多遗址发掘以后也不知准确面积、文化堆积总体分布状况和聚落的大体布局，乃至有的遗址虽经多次发掘但仍不知其规模与总体状况，

而且往往以踏查面积代替这一遗址的不同文化聚落的面积，而不去或不知去获取不同文化聚落址的真实面积。这在以往的发掘中司空见惯，但习以为常，说明在以往的发掘中欠缺整体观念和多课题意识。因此尽管许多发掘对建立区系类型框架具有重要意义，但对聚落、社会的研究却非典型资料，实际上造成人力财力的浪费，也延缓了课题研究与学科的发展进程。这虽属学科发展过程中的正常现象，不必苛责，但时至今日已极需改进。当前必须十分强调发掘的计划性和发掘对象的典型性，加强发掘中的整体观念和多课题意识。龙山文化今后的发掘不在于发掘遗址的数量，而在于发掘资料的典型性和获取多课题研究的资料，这对加速龙山文化研究的进程极其重要。

已知龙山文化至少存在七个以上基本贯穿始终的地方类型，每一类型都有数量不等的若干聚落群和许多零星散布的聚落，各群体无论规模大小，群内聚落大体上都已形成金字塔形等级结构，反映了社会已形成分层秩序。今后的发掘应当在各类型中选择一两个典型聚落群（所选典型群体应当包含大中小三类群体），在系统掌握群内各聚落的整体状况、确认其在群体内的位置（所处等级）的基础上，选择中心聚落和中小等级聚落中最典型的聚落进行大面积发掘。这样，一个典型群体要发掘的重点遗址不过若干处，但却可以取得各类型、类型内的聚落群和群内各等级聚落的具典型性和代表性的资料。对聚落资料结合文化进行考察，就能更好地把握社会与经济的发展变化，了解社会分化、阶级分化的产生发展进程，逐步深化对社会结构与社会性质的认识。这一思路实际上就是要把龙山文化的发掘研究纳入规划之中，加强计划性、课题意识与整体观念，采用典型解剖方法推进龙山文化研究。龙山文化今后基本上无需专门为解决区系类型课题而组织发掘，在推进上述计划和进行下文所说的对史前遗址的系统探查过程中，目前区系类型课题中的未知数将逐渐得到解决，使区系类型架构不断完善。

考古发掘以配合建设工程为主的方针不会很快改变，必须思考在贯彻这一方针的过程中如何争取主动，保证发掘资料的典型性。这里的一个关键是要有课题规划。在没有规划、计划的情况下，配合发掘常常带来重复发掘，所获资料难免缺乏典型性和代表性，造成人力财力的浪费。有了课题规划、计划，就可避免或减少这种现象，并可能凭借配合发掘来部分实现规划任务。实施规划、计划的顺序，应结合保护的急迫性与当前重大课题研究的需要而定，机动灵活。例如城子崖类型中的城子崖聚落群，地处济南东郊、济南市区与章丘市驻地之间，已知龙山文化聚落址 43 处，占地 1000 平方公里，对研究文明起源、城、城市和国家的诞生，以及济南建城史等都有重大科学价值，而聚落群的保护形势比较危急，所以不仅应定为城子崖类型的一个典型聚落群进行解剖，而且要优先付诸实施。总之，这不是一条很难实施的新思路，按此思路开展工作，将把龙山文化考古推向一个新水平，并将促进史前考古整体水平的提高。

（三）改进工作方法，构筑考古工作新模式

获取聚落研究的系统科学的基础资料，按上述新思路开展龙山文化考古，必须采取新的田野考古方法。笔者曾发表《论构筑史前考古新模式》一文[1]，提出建立一种保护与多课题研究相结合的史前考古新模式，与现有模式相辅相成，以适应

史前文物保护与史前考古研究新形势、新任务和学科发展新阶段的需要。基本意见是以龙山时代聚落群的范围或一定区间为基础，对其间的史前遗址按大遗址勘探原理逐一进行米 米 米形探查和调查性试掘，以确认文物普查无法提供的每个遗址含有哪几个互相叠压的聚落址，每个聚落址的面积、文化内涵、堆积状况、时段与保存状况，从而掌握区内聚落的出现，文化序列与文化谱系，每种文化聚落的数量，何时产生中心聚落与聚落群，聚落分化和等级结构的产生发展状况，有无城、城市与成组的城，何时产生城、城市与成组的城等信息，在此基础上通过对同一文化或同期聚落址的定性定量分析，区分聚落的等级，确认各时期的中心聚落和各等级中最典型、最有价值的聚落，给予重点保护，从中确定重点揭露的遗址，并提出了重点遗址的五项标准。系统探查均按统一要求作规范记录，以建立反映遗址整体状况、具有较高科学价值的史前遗址系统的科学记录档案。古遗址将越来越少，但不可能也无必要大批量发掘，但今后所有消失的遗址都应有科学记录档案可查。因此这一系统探查和科学记录档案，既是推进史前遗址有效保护必不可缺的基础工作，又是抢救史前遗址资料的重大举措，是史前文物贯彻"保护为主，抢救第一"方针的有效途径。同时它又为深化区系类型研究，为聚落时空关系演变，中心聚落、城与城市的产生发展，文化、类型、聚落群和聚落的发展变化及其人口概数，以及社会分化、阶级分化、社会结构、城乡分离、古国与文明起源等许多研究领域，提供比较可靠的研究资料。探查将以聚落群为单位发表新颖的探查报告，提供特定地区聚落、文化产生发展变化的系统综合资料。这一考古模式融保护与研究于一体，符合省级文物考古研究所的基本性质与基本任务，有利于省级文物考古专业机构的建设与提高，有利于文物考古工作全面健康地发展，也有利于培养既有渊博学识、又能解决实际问题的高素质专业人才。因此，构筑这一史前考古新模式，以聚落群或一定区间为单位开展史前遗址系统探查，将把史前文物考古工作推向波澜壮阔的新局面，是史前文化考古工作高于文物普查的基础工程和系统工程，也是文物普查的逻辑发展。而投入的人力将少于文物普查，所需时间将与文物普查大致相当，也不需要难以解决的巨额经费。

上述问题不限于龙山文化，改进意见自然也适用于其他史前考古文化。但是，龙山文化在考古学史上的地位、现有成果及其所处阶段所决定的它在古史研究中的重要地位，即使解决上述问题显得更为急迫，目前也最有可能首先在龙山文化考古中解决这些问题。采用新模式，无疑将开创龙山文化考古有计划、有步骤地蓬勃发展的新局面，继续为中国考古学的发展和重建中国古代史作出重要贡献。

注 释

[1] 张学海《论构筑史前考古新模式》，《张学海考古论集》，学苑出版社 1999 年版。

表一〇 龙山文化碳十四测年数据一览表

实验室编号	标本号	材料	测定年代（距今）	校正年代（公元前）
ZK317	鲁家口 T101⑤A	木炭	3910±95	2456～2048
ZK321	鲁家口 T5⑤H6	木炭	3655±95	2033～1753
ZK1096	尹家城 F3	木炭	4080±70	2577～2404
ZK1097	尹家城 H31	木炭	3940±110	2470～2140

实验室编号	标本号	材料	测定年代（距今）	校正年代（公元前）
BK87036	尹家城 F204	木炭	4460±90	3091～2890
BK87032	尹家城 H706	木炭	4000±80	2484～2283
BK87035	尹家城 H248	木炭	4040±8	2569～2333
BK82034	杨家圈 T51H6	木炭	3990±70	2468～2283
BK82035	杨家圈 T21③	木炭	4030±70	2559～2333
BK82036	杨家圈 T3③	木炭	3915±90	2455～2050
BK82038	杨家圈 T36②	木炭	3980±70	2466～2209
BK82039	杨家圈 T23②	木炭	3670±80	2034～1782
BK82041	杨家圈 T4③b	草木灰	3850±100	2320～2030
BK80039	前寨 H40 上部	木炭	4050±80	2573～2343
BK82001	前寨 T102②b	木炭	3990±80	2471～2209
BK83032	前寨 T104H105	木炭	3730±100	2140～1880
ZK1191	店子灰坑	木炭	4290±80	2898～2615
ZK1303A	大口 T2⑦A	木炭	4140±80	2855～2466
ZK1303B	大口 T2⑦A	木炭	4205±80	2873～2502
BK83059	邹家庄 T7⑥	木炭	3900±70	2344～2137
BK84013	邹家庄 T7⑭	木炭	3820±80	2274～1986
BK86058	邹家庄 T201Ⅶ6	木炭	4520±110	3308～2910
BK86060	邹家庄 T208H131③	木炭	4840±90	3627～3363
BK86061	邹家庄 T2437H56	木炭	4080±100	2590～2340
BK86062	邹家庄 T308V1D	木炭	4270±80	2889～2594
BK86063	邹家庄 T208H131④	粟类灰	4000±80	2484～2283
BK85013	安邱堌堆 F5	木炭	4400±150	3091～2665
ZK0456	黑堌堆 T1③	木炭	3965±110	2470～2142
ZK0457	王油坊 T8③b	木炭	4040±100	2577～2300

续表一〇

实验室编号	标本号	材料	测定年代（距今）	校正年代（公元前）
ZK0458	王油坊 H16	木炭	3950±90	2464～2144
ZK0459	王油坊 H2	木炭	3995±120	2564～2147
ZK0538	王油坊 T24H40	木炭	4000±150	2580～2142
ZK0539	王油坊 T24H46	木炭	4400±160	3094～2626
ZK0541	王油坊 T29③	木炭	3980±150	2573～2140
ZK0763	王油坊 T27F12	木炭	3850±90	2300～2034
ZK0866	王油坊 T25⑤	白炭	3885±100	2453～2042
ZK2472	栾台 T4⑦	木炭	3670±95	2110～1774
ZK2473	栾台 T2⑫	木炭	3655±85	2031～1767
ZK2305	北城子 T226②b	木炭	3480±215	1950～1440
ZK2306	北城子 T111③	木炭	4075±105	2590～2340
ZK2307	北城子 T214②	木炭	3615±130	2030～1680
ZK2620	小山口 T101H02	木炭	3660±85	2032～1754
ZK2677	二疏城 T1207H71	木炭	3598±82	1935～1709
ZH2678	二疏城 T907H121	木炭	3834±95	2289～1986
ZK0363	三里河 M2124	人骨	3660±80	2032～1777
ZK0364	三里河 M134	人骨	3480±100	1872～1530
ZK0390	三里河 M214	人骨	3960±140	2559～2050
ZK2409	西吴寺 M4003	人骨	3810±125	2290～1930
ZK2410	西吴寺 M8	人骨	3710±95	2134～1881
ZK2904	柘城山台寺 T3H28	木炭	3770±92	2181～1906
ZK2905	山台寺 T3H32	木炭	3727±110	2135～1781
ZK2907	山台寺 T15A	木炭	3750±97	2138～1883
ZK2908	山台寺 T16E	木炭	3547±83	1879～1643
ZK2909	山台寺 T2H21	木炭	3194±83	1434～1262

实验室编号	标本号	材料	测定年代（距今）	校正年代（公元前）
ZK29010	山台寺 T2H31	木炭	3216±76	1444~1270
ZK2911	山台寺 T24D	木炭	3534±82	1874~1626
BK91030	城子崖 H633	木炭	4485±60	
BK91031	城子崖 H422	木炭	4210±70	
BK91032	城子崖 H1064	木炭	4485±70	
BK92033	城子崖 H1658	木炭	4565±130	

说明：据《中国考古学中碳十四年代数据集》、《考古》、《文物》汇集，只收集标明了文化性质的数据。半衰期 5730 年。

参 考 书 目

1．安特生《中华远古之文化》，袁复礼译，农商部地质调查所，1923 年。

2．傅斯年《城子崖——山东历城县龙山镇之黑陶文化遗址》，中央研究院历史语言研究所，1934 年。

3．施昕更《良渚——杭县第二区黑陶文化遗址初步报告》，浙江省教育厅，1938 年。

4．尹达《中国新石器时代》，三联书店 1955 年版。

5．范文澜《中国通史简编》第一编（修订本），人民出版社 1957 年版。

6．梁思永《梁思永考古论文集》，科学出版社 1959 年版。

7．中国科学院考古研究所《庙底沟与三里桥》，科学出版社 1959 年版。

8．中国科学院考古研究所《新中国的考古收获》，文物出版社 1961 年版。

9．中国科学院考古研究所《沣西发掘报告》，文物出版社 1963 年版。

10．《文物考古工作三十年（1949～1979）》，文物出版社 1979 年版。

11．《山东姚官庄遗址发掘报告》，文物出版社 1981 年版。

12．吕思勉《先秦史》，上海古籍出版社 1982 年版。

13．中国社会科学院考古研究所《新中国的考古发现和研究》，文物出版社 1984 年版。

14．苏秉琦《苏秉琦考古学论述选集》，文物出版社 1984 年版。

15．《夏史论丛》，齐鲁书社 1985 年版。

16．《山东史前文化论文集》，齐鲁书社 1986 年版。

17．中国社会科学院考古研究所《胶县三里河》，文物出版社 1988年版。

18．张学海主编《海岱考古》第 1 辑，山东大学出版社 1989 年版。

19．苏秉琦主编《考古学文化论集》（二）、（三），文物出版社 1989年、1993 年版。

20．《文物考古工作十年（1979～1989)》，文物出版社 1990 年版。

21．山东大学历史系考古教研室《泗水尹家城》，文物出版社 1990年版。

22．国家文物局考古领队培训班《兖州西吴寺》，文物出版社 1990年版。

23．蔡凤书、栾丰实主编《山东龙山文化研究论文集》，齐鲁书社1992 年版。

24．张学海主编《纪念城子崖遗址发掘 60 周年国际学术讨论会文集》，齐鲁书社 1993 年版。

25．苏秉琦《华人·龙的传人·中国人——考古寻根记》，辽宁大学出版社 1994 年版。

26．白寿彝总主编、苏秉琦主编《中国通史》第二卷《远古时代》，上海人民出版社 1994 年版。

27．栾丰实《海岱地区考古研究》，山东大学出版社 1997 年版。

28．张学海《张学海考古论集》，学苑出版社 1999 年版。

29．高广仁《海岱区先秦考古论集》，科学出版社 2000 年版。

后 记

　　本书材料截至 2000 年底。20 世纪 80 年代初，龙山文化考古进入了发展新阶段，材料大为丰富，研究向纵深发展。为了方便读者较好地了解当前龙山文化考古的状况，在篇幅允许的前提下，对个别尚难很快发表系统资料的重要发掘成果和各研究对象的代表性论文，作了较为详细的介绍。鉴于本丛书的工作与学术史的主旨，插表、插图基本上转录自有关文章和发掘报告，包括各图的说明均未改动，仅注明原作者姓名或遗址。插图均采自有关著作，只对若干幅不清晰者重新加以描清。山东省文物考古研究所北介良、王占芹和山东省博物馆王树德分别帮助描清部分插图及提供彩版，在此谨致谢忱。

图书在版编目（CIP）数据

龙山文化/张学海著. —北京：文物出版社，2006.1
（2022.5重印）
（20世纪中国文物考古发现与研究丛书）
ISBN 978-7-5010-1686-0

Ⅰ.龙… Ⅱ.张… Ⅲ.龙山文化-研究-山东省
Ⅳ.K871.13

中国版本图书馆CIP数据核字（2004）第115908号

20世纪中国文物考古发现与研究丛书

龙山文化

著　　者　张学海

封面设计　张希广
责任印制　王　芳
责任编辑　窦旭耀
出版发行　文物出版社
社　　址　北京市东城区东直门内北小街2号楼
网　　址　http://www.wenwu.com
经　　销　新华书店
制版印刷　文物出版社印刷厂有限公司
开　　本　850mm×1168mm　1/32
印　　张　8
插　　页　2
版　　次　2006年1月第1版
印　　次　2022年5月第2次印刷
书　　号　ISBN 978-7-5010-1686-0
定　　价　40.00元